기일혜 작가의 끝나지 않은 이야기 6

내가 두고 온 소년

기일혜 작가의 끝나지 않은 이야기 6

내가 두고 온 소년

창조문예사

머리말

며칠 전 두 친구 만나고 와서, 문득 이런 생각이 스쳐 지나갔다. 그동안 내가 사람을 너무 많이 만났구나… 순간,
(오만한 소리 같지만) 세상 사람을 다 만난 것 같은, 인류를 다 알아버린 것 같은 절망 비슷한 감정이 스쳐 지나가고.
'내 속의 나를 만나야 하는데… 나를 밖에서만 찾고 다녔구나… 이제 사람 안 만날 거야.'

그렇다면 내가 만나야 하는, 내 속의 나는 무엇일까?
계속 추구해야 할 새로움이다.
그 새로움은 내 속에도 있고, 내가 만나는 이웃 속에도 있다. 그래서 이웃도 만나야 하고.
이번 책 제목인 "내가 두고 온 소년"
내 속에서 만난 나— 새로움이다.

2025년 6월 2일
기일혜

차례

머리말   5

1부_ 산에는 꽃이 피네, 피네

1. 속으로만 안되었다, 안되었다 했네   12
2. 산에는 꽃이 피네, 피네   13
3. 내가 두고 온 소년   14
4. 20세기 가장 위대한 산문   15
5. 예술을 돈 주고 살 수는 없지만   16
6. 선생님, 점심 또 사줘요   17
7. 진분홍색 홈웨어 휘날리면서   18
8. 미술관 앞에서 만난 사람   19
9. 뭉크와 모네   20
10. 선생님을 키운 건 사부師父님의 무관심   21
11. 아내가 높이, 높이 날 수 있도록   22
12. 요새 살맛이 납니다   23
13. 증오에서 자유하세요   24
14. 목련꽃 그늘 아래서의 식사   25
15. 토요일은 쉬세요   26
16. 미세스 강!   27
17. 쉽게 말하기가 어렵다   28
18. 내게만 잘하는 남편은 매력 없다   29
19. 오늘 누구에게 나를 바칠까?   30

20. 우리 동네 김명희 선생님	31
21. 오늘은 나랑 데이트합시다	32
22. 내가 가장 기쁠 때는	33
23. 송알송알 싸리 잎에 은구슬	34
24. 숭늉이 있는 밥상	35
25. 그 신작로에서 만나는 친구	36
26. 전복 껍데기에 붙은 이끼 키우기	37
27. 엄마, 그건 자랑인데	38
28. 가슴에 젓 담그는 여인들	39
29. 나에게는 언제나 꽃이 있어야 한다	40
30. 작약이 피어나고 있어요	41

2부_ 인정머리 있는 우리 집 장닭

1. 인정머리 있는 우리 집 장닭	44
2. 나羅 시인 남편은 낭만파 소년	45
3. 그 아버지와 그 아들의 대화	46
4. 내가 좋아하는 외국 배우	47
5. 까마득한 옛일인데 기억하는 남편	48
6. 오늘도 냇물은 저리 맑은데	49
7. 내 창작의 산실	50

8. 이거 당신 좋아하는 프리지어네 · 51
9. 꽃에는 재고라는 말이 없다 · 52
10. 아름다운 장미꽃 드리고 싶어서 · 53
11. 이젠 작가님이 안 떨려요 · 54
12. 비 오는 날 오후 4시 · 55
13. 남편은 온순해지고 · 56
14. 늬가 내 친구여서 너무 좋아 · 57
15. 아침 출근길에 만나는 사람들 · 58
16. 고요 아가씨께 · 59
17. 그 아름다움을 선사하세요 · 60
18. 쪼들리는 내 삶이여 복되도다! · 61
19. 거창한 말보다 지나가는 한마디가 · 62
20. 악마는 디테일에 있다 · 63
21. 내 사랑은 디테일에 있다 · 64
22. 응급실에 가기 전, 몇 분간의 사랑 · 65
23. 거짓의 반대는 "진리" · 66
24. 이 제라늄 꽃에는 사상思想이 있어요 · 67

3부_ 백합꽃 엄마와 봉숭아 어머니

1. 감히, 숙녀의 손을 잡아! · 70
2. 토론토 집회 때, 일어난 일 · 71
3. 군산 가서 미두米豆하다 재산 날리고 · 72
4. 양자養子나 친자親子나 상속권은 같다 · 73
5. 내 생명은 그렇게 조성되었다 · 74
6. 87세 윤진숙 님의 하루 · 75

7. 내가 커피 마시는 방법   76
8. 가장 아름다운 꽃   77
9. 군사부일체君師父一體의 제자 시인   78
10. 빛고을광염교회에서 드린 예배   79
11. 알타리김치 떨어지면 어쩔까?   80
12. 양자 님, 자주 노크해 주세요   81
13. 손수건 다림질하는 청옥 님께   82
14. 궁극적인 목표는 '따스함과 밝음'   83
15. 장성長城 일목一目이 장안長安 만목萬目보다 낫다   84
16. 검은색 바지와 감색 바지   85
17. 그러니까 더 정들어버렸어요   86
18. 정원과 서재가 있다면   87
19. 나는, 보고 싶은 사람이 없어요   88
20. 태양아 들어가라, 구름아 나오너라 1   89
21. 태양아 들어가라, 구름아 나오너라 2   90
22. '예 알겠습니다' 한마디의 힘   91
23. 남편은 아내 손님들 피해 소요산 갔는데   92
24. 백합 열 몇 송이가 막 피어서   93
25. 백합꽃 엄마와 봉숭아 어머니   94
26. 사소한 것도 물어보는 친구   95

4부_ 황제 메론과 아버지 메론

1. 모든 것이 사랑이었구나   98
2. 새것이 오면, 헌 것은 없어지고   99
3. 황제 메론과 아버지 메론   100

4. 옆집에서 보낸 미나리   101
5. 마음은 전철보다 더 빨리 갑니다   102
6. 셀라 킴(뉴욕 독자)의 유머스낵 – 낙타 이야기   103
7. 셀라 킴(뉴욕 독자)의 유머스낵 – 무엇이든지 탐내지 않고   104
8. 재미없게 얘기해서 죄송합니다   105
9. 95세 아내가 차린 밥상   106
10. 여보, 문 열어주세요   107
11. 동생하고 나하고 만든 꽃밭에   108
12. 요즘 참 보기 드문 여인들   109
13. 우리 동네엔 시인이 많다   110
14. 비법은 양념 조금   111
15. 내가 좋아하는 소하동 정원   112
16. 책 선물 그만, 해야지   113
17. 5월에 오신 손님   114
18. 내가 만나는 사람들은, 나를 끌어올린다   115
19. 누군가의 마음을 살릴 수만 있다면   116
20. 나를 알기 위해서— 글을 쓴다   117
21. 이 부끄런 마음을 너에게 준다   118
22. 못 팔린 내 책 2천 권과 살기   119
23. 쓸데없는 소리가 쓸데 있을 때   120
24. 아버지의 대학 노트   121
25. 우여곡절이 더 필요하다   122
26. 조막만 한 사과 15개 이야기   123
27. 내 절정의 경험   124
28. 365일이 당신 휴가잖아   126
29. 책 안 읽는 시대에 책 만드는 사람   127

1부

산에는 꽃이 피네, 피네

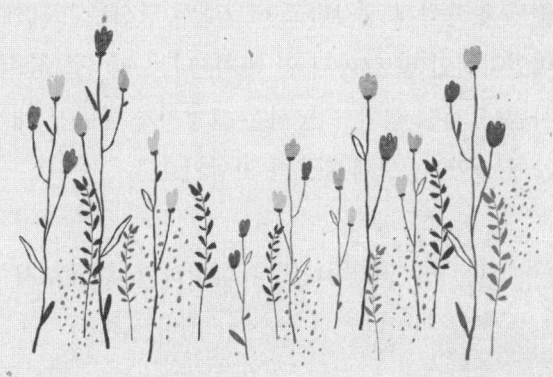

속으로만 안되었다, 안되었다 했네

열대야가 10일 이상 계속되는 폭염 아침에 베란다에 나가 보니 해피트리 다섯 송이가 떨어져 있다. 봄에 가지를 쳐줬더니 떨어진 꽃송이가 탐스럽게 크다. 내가 남편에게,

"해피트리가 다섯 송이나 떨어졌네요. 얘네들은 이 폭염이 좋은지 피고 지고, 피고 지고 하네요."

"나도 봤어, 꽃 색이 왜 그런지 몰라. 꽃이 색이라도 빨갛던지, 희미하게 노리끼리해갖고… 벌 나비도 안 찾아오고… 속으로만 안되었다, 안되었다 했네."

"당신은 참 사물에 대한 애정이 깊구나. 벌 나비 안 찾아오는 꽃도 안쓰럽게 생각하고… 그래서 당신은 아내에게도 평생 비인격적인 말 한마디 안 하지. 나는 언어를 상스럽게 쓰는 사람이 가장 싫어 — 당신은 그렇지가 않아서 내가 힘들지 않게 살았지, 그게 뭣보다 고맙지요."

남편이 하는 말이 천박하거나 야비하면, 아내로서 가장 슬프고 못 견딜 일이다.

산에는 꽃이 피네, 피네

 한 65년 전, 강변 우리 집에서 십리 되는 산골 학교로 나는 아침이면 출근하고 오후에 퇴근했다. 얼마 전 '내 속의 나' 찾다가 만난— '그, 소 구루마 아저씨'
 그를 집중적으로 생각한다.

 때는 내가 스무 살 안팎의 나이로 퇴근하는 길.
 회양촌 조그만 마을 지나 후미진 산 밑 길인데, 저만치서 소 구루마 탄 아저씨가 오고 있다. 그는 무거운 짐 부리고 오는 홀가분함인지. 소가 끄는 빈 구루마 가운데 팔자 좋게 앉아서 산천경개 구경하는 폼. 나는 그 구루마 피해서 신작로 가로 조심히 걷는데, 갑자기 들리는 아저씨(3, 40대?) 탄성!
 —"오메 사람 환장하게 이쁘네!…"
 그건 내게 하는 말 아니고— 바로 신작로 위, 야산에 피어 있는 꽃들 보고 지르는 소리 같아— 그래서 나도 담담하게 듣고— 아저씨란 남자, 조금도 두려워하지 않았다.
 그래도 65년 전, 그땐 사람들에게 순박함 선량함이 많이 남아 있었다. 세상이나 사람들이 덜 타락하고.

내가 두고 온 소년

"미국 화가 이스트먼 존슨의 그림 〈내가 두고 온 소녀〉, 원래 미국 남북전쟁 때 남군 북군 모두에게 인기리에 불렸던 민요다. (그림은) 금발의 소녀가 머리카락과 망토를 바람에 흩날리며 벼랑에 서 있는… 결혼반지를 끼고 있어 기혼이며 전쟁터에 나간 남편을 기다리고 있다… 소녀가 두 손으로 꽉 쥐고 있는 책들은 성경, 문학 혹은 철학책일 것이다. 그 책들이 말하고 있는 사상이나 진리가 왜 전쟁을 막지 못하는가를 화가는 묻고자 했을 터이다. (이은화: 미술평론가)"

내가 강변 살 때, 수십 마지기 뽕나무 베어 껍질 벗기기—세 동네 소년 소녀들 몰려와 벗기고 돈 벌어갔다. 그때 누나와 같이 온 어린 소년— 한 푼이라도 더 벌려는 억센 머슴아 가시네들에게 밀려 한쪽 구석에서 벗기는 그 오누이가 가엾어서, 내(9세?) 연한 손으로 질긴 뽕나무 껍질 벗겨 그들에게 주었다. 그걸 본 언니가, "넌 우리 집 손해나라고 저 애들 돈 벌어 주냐!" 언니에게 끌려갈 때 나를 쳐다보던 어린 소년—

고향 들판에, "내가 두고 온 소년"이다.

20세기 가장 위대한 산문

20세기의 가장 위대한 산문으로 꼽히는 헬렌 컬러(3중 장애인)의 〈3일 동안만 볼 수 있다면〉 전문이다.

"만약 내가 사흘간 볼 수 있다면 첫째 날엔 나를 가르쳐준 설리반 선생님을 찾아가 그분의 얼굴을 바라보겠습니다. 그리고 산으로 가서 아름다운 꽃과 풀과 빛나는 노을을 바라보고 싶습니다. 둘째 날엔 새벽에 일찍 일어나 먼동이 터오는 모습을 보고 싶습니다. 저녁에는 영롱하게 빛나는 별을 보겠습니다. 셋째 날엔 아침 일찍 큰길로 나가 부지런히 출근하는 사람들의 활기찬 표정을 보고 싶습니다. 점심때는 아름다운 영화를 보고 저녁에는 화려한 네온사인과 쇼윈도우의 상품들을 구경하고 저녁에 집에 돌아와 사흘간 눈을 뜨게 해주신 하나님께 감사의 기도를 드리고 싶습니다."

이 글 읽어주시고, 목메었는지 말없이 나가시던 그 강사님 모습이 더 목메게 해서… 누가 읽어주느냐에 따라 글이 살아나기도 하고 시들하기도 하고.

예술을 돈 주고 살 수는 없지만

 이번에 광주 가서, 동생 집 근처 옷가게 "시계꽃" 여주인에게 내 책 한 권 드리려고 들렀다. 마침 누룽지를 드시다가 동생과 나에게도 누룽지 숭늉 차 줘서 잘 들고.

 여러가지 옷들 구경하고 나오는데, 여주인이 흰 봉투를 들고 뒤따라 나오신다. "그동안 책을 주셨는데… 점심이나 한번 같이 하려고 했는데…" 내가 질겁하면서 막 뛰어가 버리니, 그도 몇 발짝 따라오다, 거리를 두고 봉투 들고 서서 하시는 말씀. "예술을 돈 주고 살 수는 없지만…"

 그 말씀에 나는 침묵. 예술가다운 말씀이구나… 예향藝鄕 광주 시민다웠다. 그래도 나는 뒷걸음질 치면서 말한다. "어쩜 그런 아름다운 말씀을 하실까?… 그 마음만 받아 갑니다."

 광주는 정말 예향藝鄕이구나. 보통 시민도 저런 예술적인 말을 일상에서 쓰다니! 시계꽃 여주인은 예술가야—
 (내 고향 장성은 문인 학자들 많이 나와서 문향文鄕이라고 한다.)

선생님, 점심 또 사줘요

지난번 광주에 갔을 때, 동생이 해준 얘기다.

"언니, 그 부인하고 가끔 동네서 콩나물 국밥을 먹는데 맛이 좋아. 값도 비싸지 않고, 언니도 사 줄까?"

"집에 밥 있는데 뭘, 나 외식 안 좋아한다."

동생은 내 거절에 아쉬워한다.

"근데 언니, 그 부인이 얼마 전에 점심 먹고 나서 뭐라고 한 줄 아는가. '선생님 점심 또 사 줘요(콩나물 국밥)'

그러는데, 기분이 좋더라고."

"그분, 사람 마음이 뭐란 걸 아는 분이야. 네 마음을 읽었거든. 네가 점심 사주면서 기뻐한다는 걸 알아버렸어. 네가 얼마나 편안하게 즐거운 맘으로 점심 샀으면 '선생님 점심 또 사줘요' 했겠냐?"

"내 것 가져가도 이쁜 사람 있고,
지(제) 것 줘도 미운 사람 있다."

그 부인은 점심 사달라고 해도 동생은 즐겁고 예쁘기만 한. '내 것 가져가도 이쁜 사람'

진분홍색 홈웨어 휘날리면서

 오늘 아침부터 장마가 본격적으로 시작— 거실부터 정리. 정리 안 된 거실은 가족들 정서를 산란하게 한다. 집 안을 대강 정리하고 내 후줄근해 보이는 진남색 홈웨어 벗어던지고. 비가 오면 칙칙해지는 집안 분위기, 밝은 옷 입어서 몰아내야— 동생이 동남아 여행 갔다 와서 준 진분홍색 꽃무늬 홈웨어 입고. 그 옷만 입으면 잠잠하던 집안 분위기가 휘황찬란해진다. 그 휘늘어진 옷 앞치마로 다독이면서 아침 준비.

 진분홍색 휘황한 홈웨어 휘날리면서 기분이 굉장히 좋아진다. 내 기분 좋아야 남편에게도 방긋 웃어주지— "어디 먼 데 가서 빛과 소금 노릇 하려고 말고— 내 남편 가족한테 방긋 웃어주세요. 그게 빛과 소금 역할 잘 하는 겁니다."

 진분홍색 홈웨어 휘날리고 다니다가 문득 그날 저녁, 휘날리던 출판사 김 과장님 미색 치맛자락이 스쳐 지나간다.
 아름다움이 나를 끌어올린다.

미술관 앞에서 만난 사람

 그날— 새롭게 확장해서 문 연 H백화점 안에 미술관이 있다. 모네전 보러 친구와 갔는데, 그가 예매권을 입장권으로 바꾸는 동안 나는 사람 구경— 오고 가는 여인들의 무리, 무리들. 대중은 사람 같지 않다— 어디 사람 없나? 두리번거리는 내 눈에 들어온 사람. 그는 수수한 검은 옷 입고 앉았는데, 사람 같다. 생각하는 사람— 사람 같은 중년 여인에게 다가가 말을 건넨다.

 "실례지만 미술관에 오셨어요?" "예, 울산에서 왔어요… 그림을 그려요." 내 예감은 적중.
 그는 예술하는 사람. 곧 그분 아들이 와서 어머니 모시고 미술관으로 입장— 미술관 안에서 그 '사람' 다시 만나— 내 책 두 권 드리고, 방금 전 친구가 준 고급 캔디도 다 드리면서 울산 가실 때 드시라고— 그런데 문제는 친구.
 그가 준 캔디 울산 여인 다 줘버리자 불만, "왜 다 줘요?"
 나를 생각하는 친구 마음은 알지만,
 좋아하면 다 줘버리는 내 마음은 누가 알랴!

뭉크와 모네

내가 글 쓰는 방은 북향 방이다. 한쪽 벽에 그림 다섯 작품이 걸려 있다. 넷은 모네, 하나는 "절규"의 화가 뭉크의 작품. 모네 그림을 잘 보려면 빛이 있어야 해서, 유리 통문 가린 커튼을 확 젖히고 아침 햇빛 들어오게 한다.

얼마 전 구입(98,000원 3개월 할부)한 아늑한 수련이 살아나면서 어여쁘다. 난 처음에 이 수련 보면서 울었다. 내 영혼 빛깔 같기도 해서… 지금도 가끔 심취해서 바라본다

이 어여쁘고 온화한 수련 위에 뭉크의 "자야의 봄" 액자 아니고 아크릴 그림이다. 그것도 모네 그림(프린트)에 덤으로 따라온— 횡재다. 은은한 수련 위에 뭉크의 강렬함.

뭉크의 봄은 분홍 연록의 바탕에 검은 나무 기둥이 죽죽(내 느낌) 서 있다. 얼마나 신선한지 내 정신을 찌르는 듯.

거실의 큰 그림보다 내 방의 작은 그림들에 더 마음을 대고— 대작도 소품도 좋지만, 어떤 땐 대작보다 소품에 애착이 간다. 존재감 약한 사물이 내겐 더 편안해서 그럴까.

선생님을 키운 건 사부師父님의 무관심

광주 빛고을광염교회로 가는 승용차 안, 박 시인의 한마디. "오늘의 선생님을 있게 하신 건 사부님의 '무관심'입니다." 시인다운 함축된 말이다. 나는 그 말을 오래 생각한다.

오늘의 나를 있게 한 건 남편의 무관심(관심 초월한).

내가 절감하지 못한 깊은 정곡을 찌르는 말이다.

수필집(1) 〈내가 졸고 있을 때〉 나오는 "신혼여행"

난 글재주 없어 거의 사실 그대로 쓰니, 남편이 기분 나빠 할 대목도 있다. 아무리 너그러운 남편이라도 '그런 것까지 글에다 써! 남편 체면이 있지?' 화낼 것 같아, 책이 나올 때쯤 남편에게 말한다. "… 당신이 그때(신혼여행) 열차 안에서 잘 때… 코털이 나왔다고 (남편에게 흰 손수건 건넨 얘기하다가) 사실대로 썼는데, 당신 보면 화낼까 봐 미리 말해요."

남편 대답은 의외. "자네만 빛난다면 나는 아무렇게 써도 좋네." 그 뒤부터 맘 놓고 쓴다. 남편의 무관심은 관심을 넘어 초월자적 경지에서 나를 돕고 있다. 그 그늘 아래서 내가 자라고.

아내가 높이, 높이 날 수 있도록

내가 이번에 광주에 7일간 다녀와서 남편에게 한 말이다.
"이번에 광주 갔을 때 제자 시인이 말하던데요. 선생님을 키우신 건 사부師父님의 무관심이었다고. 정곡을 찌르는 말 같았어요." / "무관심은 아니지?…"
"초월적 무관심이지요."
"그런 철학적인 말 말고— 나는 내 옆에 있는 사람에게 날개를 달아주는 것이지, 자유롭게 날을 수 있도록— "
남편은 상당히 깊은 말을 하고 있다.

"사람으로서 가장 위대한 일은 그 사람의 가치를 알아보고, 가장 그답게 살도록 도와주는 일."
나는 소설가— 무의식까지 자유로워야 한다.
자유롭게 살도록 내게 튼튼한 날개 달아주는 남편. 어려운 살림에 책 많이 구입, 우송하는 전 과정을 일일이 다 도왔다.
헌신보다 희생으로 보낸 5, 60년, 아내가 자유롭게 살게— 아내가 높이, 높이 날 수 있도록.

요새 살맛이 납니다

"요새 살맛이 납니다. 한강 선생이 노벨상 받아서…"

이 말씀 한마디에서 나는 많은 것을 배운다. 이 말씀, 하신 분은 내 책 내는 출판사 회장님, 시인이시다.

요새(2024년) 내가 아는 지인 친지들로부터 많이 듣는 얘기는, 한강 작가 노벨상 수상에 관한 얘기다. 그 누구도 한강 선생이라 부르는 이는 없었다. 다 한강, 한강 했지. 그런데 이런 원로 분이 '한강 선생' 존칭어 쓰니, '한강' 하고 부른 내가 민망해진다.

그 사람이 쓰는 언어는 그 사람 품격이다.

그는 이런 말씀도 하신다. "기 작가님 글은 거의 다 보았는데, 살(살갗)을 매만지는 듯한, 느낌…"

아직 누구에게서도 들어보지 못한 독특한 표현이다.

시인은 저마다 그 사람만이 지닌 언어의 성역聖域을 지니고 있나 보다.

증오에서 자유하세요

덕소— 친구가 병들어 정양하러 간 셋방 앞 우물가엔 채송화가 활짝 피어 있었다. 그걸 바라보는 병든 친구와 나.

그의 손톱은 비틀어져 새까맣게 오그라들고, 나는 그걸 차마 못 보고— 누군가에게 말로 상처받은 친구가 중병 들어서 간 그곳… 우리는 우물가 채송화만 바라보고 있다.

서울에서 물어물어 칩거한 그를 찾아간 나도 말이 없고, 대신 채송화가 말한다— '증오에서 자유하세요, 그래야 당신이 살아요. 중병 들도록 고통했으니 이젠 다 잊고 일어나요.'

그 뒤, 소설 공부하던 친구는 건강 회복하고, 등단해서 소설집도 내고 늦은 결혼도 하고 수원 사시는데, 요즘은 내 전화 안 받는다. 나보다 연세 많으신 그가 어디 아프시나?…

그때 중병 든 내 친구에게 우물가 채송화가 해주던 말은 지금도 살아서— 늙은 내게도 무섭게 말하고 있다.

증오에서, 미워함에서 자유하세요.

증오는, 누군가를 미워함은 나 먼저 죽이는 독이랍니다.

목련꽃 그늘 아래서의 식사

"목련꽃 그늘 아래서 베르테르의 편질 읽노라"
여학생 시절의 목련꽃이 달콤했다면 90 바라보는 내 지금 노년의 목련은 온화하다 할까.

그날 소영 님 댁 거실에서 바라본, 손이 닿을 듯한 건너편 동산의 목련꽃. 그 거실, 옆방에는 소영 님 그림 그리는 작업실, 다음 방엔 몇 해 전 96세로 가신 어머니의 골프 기구가 놓여 있고. 그 시대에 골프 친 신여성, 소영 어머님은 어떤 분이었을까?… 궁금한데, 어머니 얘기는 안 해주시고, '바쁘다고 어머니, 따뜻한 점심 한 번 못 해드렸다고.'
자기 어머니께 하듯, 내게 차려주신 예술 같은 오찬.

'목련꽃 그늘 아래서 긴 사연의 편질 쓰노라'
봄 4월이 다시 오고 저 동산에 목련이 피면— 나도 편지를 쓰고 싶다. 그리움이 있는 한, 누구에겐가 가슴 설레는 편지, 쓸 수가 있다.

토요일은 쉬세요

헤르만 헤세는 정원 가꾸기가 취미인 소설가요 시인.

그의 대문 앞에는— 자기 집에 들어오지 말고 조용히 지나가시라는 정중한 부탁의 글이 써 있다. 그의 집은 관광지가 아니다. 위대한 작품의 산실— "아름다움의 경계를 허물고 확장하는…" 창작의 밀실. 보호해 줘야 한다.

60대 초, 편집실장님과 동행해 샌프란시스코, 캐나다 벤쿠버 토론토로 50일간 집회 간 적 있다 그때 어디선가 자가들이 사는 구역이 있는데, 거기 지날 땐 차 경적 울리지 못하게— 그때 집회 다닐 때, 동행한 아가씨 실장님이 내게 한 말, "작가님을 여기서 더 알아주네요."

8월 말까지 내가 글 쓴다면— 지켜줘야 하는데 어제,

"토요일은 쉬셔야지요…" 친구가 자기와 전화하며 쉬자고.

내 대답은, "누군가 사람 목소리에 내 감정 바퀴가 굴러버리면, 그 사람 만나야 하는데, 당신이 책임지시오."

친구는 당황한다. 그러나 그 당황마저도 사랑 안에선 어여쁘다. 그래서 어제 그 댁에 가서, 점심 들고 쉬다가 왔다.

미세스 강!

친지 집에 가이으니 재작년엔가 결혼한 딸이 시댁에서 보낸 감자, 가득 한 봉지 가지고 왔다. 강 씨 집안으로 시집가서 그는 이제 "미세스 강" 엄마가 건네준 내 산문집(5집) 읽은 그의 소감이다. 그는 지금 모 회사 아이디어 팀장.

그 엘리트 여성의 소감을 요약하면—

"한마디로 재미있고— 1. 메타 인지認知(초월적 통찰력) 2. 인정人情— 3. 인생人生—

엄마, 메모하고 있어? 작가님한테 그대로 들려 드려— 어려우면 녹음된 거라도 들려 드려."

이만한 확신— 자기 말에 대한 확신이 AI 수준.

며칠 지난 지금까지도 그가 나를 바라보던 시선, 뭔가를 추구하고 모색하는 청년의 눈빛! 신생가외新生可畏다.

그러나 사람이 정신, 마음만 살아있으면,

모든 사람은 다 신생가외다.

쉽게 말하기가 어렵다

이 나이(85세) 되도록 선생, 강사, 작가로 말을 많이 하고 살아도— 쉽게 말하기란 어렵다.

직장여성인 친지 딸이 마트에 가서 오이, 부추랑 보고 있으니 여점원이, "부추 사세요. 오이하고 담그면 좋아요."

"어떻게 담가요?" "담기 쉬워요. 소금 뿌리고 고춧가루 뿌리면 끝." 마트 점원이 하도 쉽게 말해서 오이 부추 사가지고 온 새내기 주부, 부추 다듬는 데만 30분.

시아버지가 농사지어 보낸 고춧가루 뿌리고 젓갈 등 양념해서 버무리니 먹을 만해, 그걸 친정엄마에게 가져가고, 시골 시아버지께도 전화로 자랑하면서, 시할머니께도 알려드리라 하고. 귀여운 새댁이다.

그 분야에 달인이면 그 분야를 쉽게 말한다. 마트 점원의 쉬운 말에 힘을 내, 새내기 주부도 오이부추김치 담가서 시댁 식구와 대화하고, 작가인 내게도 감동 주고.

뭐든 쉽게 말해야. 기독교는 쉽게 말해서— 내 생명 만드신 하나님 사랑하고 이웃 사랑하면서 살면 된다.

내게만 잘하는 남편은 매력 없다

거두절미하고— 남편 91세 생신 모임, 아들들이 준비하는데 처음엔 별말 없더니 나중에 단호하게 거절— 그 이유가 궁금했는데, 얼마 뒤에야 그가 말해서 알았다. 내가,

"왜 당신은 생신 축하 모임 그렇게 결연하게 반대했어요?"

"… 내가 그날 혼자 앉아있는 형수님 얼굴 도저히 바라볼 수가 없어서— 그날 형수님 얼굴 도저히 못 봐! 먼저 가신 남편(82세 별세) 생각에— 그 자리가 얼마나 서럽겠는가. 난 도저히 못 본다고… 그렇다고 형수님 안 모실 수도 없고…"

"당신 속이 참 깊구나. 당신을 다시 보게 되네요… 아주, 아주 잘 하셨어요."

이런 일로 남편에 대한 신뢰가 더 깊어진다. 아내인 내게만 잘하는 남편은 매력 없다. 이웃에게 대하는 남편 언행을 보고 아내는 실망도 하고, 존경도 하고.

제 아내에게만 잘하는 건 결국 자기에게만 잘하는 것.

나(아내) 아닌 남에게 잘해야— 참으로 된 사람이다.

오늘 누구에게 나를 바칠까?

오늘 아침, 하루 시작할 때, 내 무의식을 가만히 점검해 보면 이렇다. '나는 오늘 누구에게 나를 바치러 갈까…'

날 바치러 갈 사람이 있으면 그야말로 환희작약— 나 바치러 갈 사람 없으면 내 생명은 서서히 잦아든다. 그러나 허구한 날, 나를 바치러 갈 사람 있는 것도 아니고— 마음 다잡고 집안일 하거나 글을 쓰거나, 고요와 함께 살거나.

요즘 남의 집 방문하려면 자기 먹을 건 가지고 간다.

먹을 것 챙기다 보면 내 설렘은 싸늘해지고. 그런데 언제나 점심 먹으러 오라는 친구(74세)가 있다. 늘 집에 있어 버스 정류소까지 마중 나와, 날 기다리는 친구.

어제 그 댁에서 점심 들고 나오면서 본 아파트 정원의 접시꽃 밭! 진분홍 연분홍 흰색으로 번지는 색색의 보드라움.

너무 아름다워서 꿈속같이 몽롱해지고… 이 아리따움 두고 어이 가리— 오늘도 누구에게 나 바치러 가고 싶음은, 이렇게 벼락같이 만나는 별천지! 자연과 인생의 무한 아름다움— 그 편린과 조우하고 싶어서다.

우리 동네 김명희 선생님

오늘 새벽 눈을 뜨자 생각난 사람, 우리 동네 김명희 선생님. 눈뜨자마자 왜 그가 생각났을까? 몇 번 만났을 뿐인데, 목포가 고향이고, 우리 동네 교회 출석하시는 분.

그런데 왜 이리 깊이 남아서 오늘 아침 눈뜨자, 그가 생각났을까… 어제 그 댁에서 저녁 먹어서 그럴까. 식당 아니고 자기 집에서 그가 해준 밥 먹는다는 건 이리 중요한 건가.

아니다, 이유는 바로 이것— 그가 누구 소개로 우리 동네 그 교회 처음 간 건 41년 전, 처음 그 교회에 갔을 땐 사람이 서넛. '이렇게 작은 교회도 있나? 사람이 너무 적구나… 내가 있을 자리가 여기구나.' 그래서 지금까지—

그날 저녁 명희 님 댁 갈 때, 나와 동행한 친구가 들려준 이 얘기가 내게 꽂혀, 오늘 새벽 눈뜨자 그가 생각난 것.

사람을 알아보려면— 그가 긍휼지심이 있는가?… 그를 몇 번 만나보니— 약자 돌보는 '영적 긍휼지심'이 충만하시다.

그는 우리 동네 선생님, 자격 충분하시다.

오늘은 나랑 데이트합시다

"… 그러므로 너희는 뱀 같이 지혜롭고 비둘기 같이 순결하라"(마태복음 10:16) 뱀의 원어 뜻은, "영리하고 신중하다" 사탄이 들어가기 전 뱀은 동물 중에 가장 신중하고 영리하고 지혜로웠다고… 우리 동네 명희 님(70대 초)이 처녀 때, 들꽃 꺾어 들고 연인(남편) 만나러 갈 때 일어난 일이다.

그날 그는(21세) 친구들과 퇴근해서 들판에 나가 들꽃 꺾고 놀다가, 연인과 만날 시간 늦어서 택시로— 들꽃 꺾어 든 굉장한 미인 아가씨가 택시에 오르자, 기사 감정이 발동했는지 "아가씨! 오늘 나랑 데이트합시다."

순간 명희 님은—내 인생 끝나는구나!… 안 되지—

'내가 더 적극적이자—'

"아저씨, 데이트는 다음에 해요, 장소를 정하면 꼭 나갈게요… 오늘은 부모님 생신이라, 가족들이 모이는데…"

기사는 어찌 감복했는지, 명희 님을 연인 만날 그 장소에 내려주고 갔다. 명희 님은 그때— 뱀같이 지혜로웠다.

내가 가장 기쁠 때는

이상기후로 오늘이 초여름인데 36도 폭염의 한낮, 그 친지 댁에 도착하니— "얼마나 더워요?"

"더운 줄도 몰랐어요. 하도 기쁘게 와서요."

벗어놓는 내 배낭엔 누가 준 미숫가루 봉지, 책 2권, 그리고 핸드백엔 누가 또 내 생일이라고 준 봉투. 그것들 친지에게 드리려는 마음에 더운 줄도 몰랐다.

그렇게 기쁘게 가면서 내가 계속 생각한 건— 내 수중에 있는 것 다 가지고 가니 이렇게 기쁘구나!… 날마다 이렇게 꽉 찬 기쁨으로 살 순 없을까?… 왜 없어? 날마다 내가 가진 것 누구에게 다 드리는 맘으로 살면 되지?

"저녁 끓일 건 없어도 도둑맞을 건 있다."

찾아보면 내 집에도 남 드릴 게 많다. 내 욕심에 가려 안 보일 뿐. 그래도 없으면— 꽃집에서 꽃 한 송이, 떡집에서 떡 한 팩 사들고 가도 되고. "항상 기뻐하라" 기쁨이 힘이다—

내가 가장 기쁠 때는— 내 것 온전히 다 드릴 때.

송알송알 싸리 잎에 은구슬

'폭염에 친지에게 드릴 선물(봉투) 들고 가는데, 무슨 옷 생각까지 해? 아무거나 입고 가지—'

그러나 난 이 폭염에 반바지에 티가 싫다. 한 40년 전에 동생이 입다 준 뽀뿌린 치마가 생각난다. 거의 안 입고 둔 건데, 오늘 그걸 꼭 입고 싶다. 친지는 심미안이라, 그의 마음과 함께 그의 안목도 즐겁게 해드리고 싶다.

오래된 그 치마는 자잘한 연두 노랑 연한 감紺색 동그라미가 송알송알 속삭이는 듯, 앙증스럽다. 치마 단에도 잔주름 달아 귀엽기도 하고. 그 40년 전 치마, 언제부터 한번 입고 싶었는데, 85세 된 지금 오늘 폭염에 입고 간다.

오늘 나는, 감정 따라 치마 입고… 좀 불편해도 감정은 산뜻하다. 내 이성과 감정이 다툰 오늘은 감정 쪽으로.

친지 집에 있는 동안 내내 그 치마에선, "송알송알 싸리 잎에 은구슬 … 대롱대롱 풀잎마다 총총, 방긋 웃는 꽃잎마다 송송송…" 애들 동요 소리가 계속 들리는 듯해서 즐거웠다. 그 귀여운 치마는 어제, 나를 아이처럼 기쁘게 살게 했다.

숭늉이 있는 밥상

그날 친지가 차린 점심상엔 나물이 다섯 가지— 머위, 비듬나물, 금방 딴 고구마순, 고춧잎나물, 호박나물에 한우 채소볶음. 고기엔 내 젓가락이 몇 번 안 가고 나물 무침만— 들판에서 자란 나는 삼삼한 나물무침이 좋다. 친지 밭에서 난 나물 반찬에 숭늉 있는 따뜻한 점심 잘 들고.

세계 부자 워렌 버펫과 식사 한 번 하려면 몇 억 원? 식사만 아니고, 그에게서 주식 투자 비법도 듣듯이. 나도 그날 친지가 차려준 천연산 나물 밥상에 약간의 점심값(?) 내고, 그에게서 즐거운 인생살이 얘기 듣는다. 그는 인생살이에 지혜, 재미와 웃음이 싱싱하게 많으신 분.

그런데 생각하면 우린— 워렌 버펫과 비교도 안 되는, 만물의 주인 하나님과 매일 독대해서 식사하고 대화하지 않는가? 식사기도하고 일용할 양식에 감사하면서 들 때, 인생 사는 법 가르쳐주신다. 기도 시간에 복 주시듯 식사 시간에도 복 주신다. 문제는 내가 탐식하느라,

그 말씀, 못 알아듣는 것.

그 신작로에서 만나는 친구

 내가 산골 학교 교사로 집에서 십리 길 걸어 출근할 때, 만나기 가장 힘든 사람은 그 친구다. 할머니 동네 사는 그는 나와 동갑인데, 아버지가 수원농고(지금 서울농대) 졸업하신 그 집안 인물. 그 아버지 일찍 가시고 그는 중학교도 못 가고, 그때 읍내로 양재학원 다녔다.

 내가 아침 출근하면— 읍내 양재학원 가는 그와 마주친다. 난 뭔가 미안해서 활짝 웃어 주고, 그는 희미한 미소만 머금고 간다. 큰 키에 검은 치마 흰 저고리, 단정하고 태깔 있는 그를 신작로 가 풀들도 한번 쳐다봤으리라.

 그를 볼 때마다 죄인 심정인 나— 그는 아버지 안 계시고 나는 계셔 학교 선생도 되고… 그의 마음 안 다치려고, 그 앞에서 나는 납작 엎드렸다. 그래서 옛날 '정읍 부잣집 딸' 깔끔한 그 애 엄마도 나한텐 잘해주셔서, 그 집에 가 밥도 먹고 잠도 자고. 누구에게나 쉽게 무릎 꿇고 내려놓는 나.
 생후 1년간 부엌방에서 감옥살이(?)한 덕분이다.

전복 껍데기에 붙은 이끼 키우기

 동생이 준 자연산 전복 한 개. 내 손으로 전복 한 개 사 본 적 없는데, 동생은 전복을 식탁에 가끔 올린다. 내게 비싼 것은 다 낯설다. 농촌에서 평범, 가난하게 살아서 그럴까?
 그 전복 먹고 남은 껍데기 아까워서 못 버리고 플라스틱 팩에 물 좀 부어 담가 놨다. 남편이 그걸 보고 전복 껍질 다 적시게 가득 부으라고 해서 그렇게.
 며칠 뒤, 플라스틱이 나쁠 것 같아 유리그릇으로 옮기면서 보니 전복 껍데기에 갈색 이끼 같은 게 보인다.

 그 뒤 철산 정희 님이 고 선생과 집에 들렀을 때, 내가 전복 껍데기에 수돗물 붓자, "바닷물은 짠데?" 그래서 소금 섞고… 전복 껍데기에 붙은 이끼 키우는 데도 네 사람이 동원—
 전복 준 동생, 못 버린 나, 물 가득 부으란 남편, 바닷물처럼 짜게 하란 정희 님. 이끼 하나 키우는 데도 네 사람 동원되는데, 사람 하나 잘 키우려면 얼마나 많은 이들의 도움, 사랑이 필요할까. 그리고 또 사람 말고,
 신(창조주)의 도움이 절대 필요하다.

엄마, 그건 자랑인데

 5월 지나고 6월 1일에 가족들이 모였다. 미국에서 공부하는 손녀도 왔는데, 대화 중— 그는 영어로 말하는 게 의사소통이 더 편하다고 해서, 걱정이 된 내가 한마디 한다.
 "내가 등단 무렵 소설가들 모임에 갔을 때, 내 문장이 정확하다고—〈○○의 가족〉쓴 중견 작가가 물었다. '기 선생님 문장이 정확한데 습작을 얼마나 많이 하셨습니까?' 내 대답은—'저는 습작 많이 안 해요. 그냥— 저는 대신 삶을 전심전력으로 살고, 그걸 그대로 옮긴다 할까요…'
 나는 정직하게 말했으나 그는 믿기지 않은지 나를 의아스럽게 한참이나 쳐다보았다. 그러니, 할머니 글을 잘 읽어 보아라. 소설가도 할머니 문장이 정확하다고 했으니까—"

 그때 아들이, "엄마, 그건 자랑인데—"
 "그래 엄마 자랑이다, 엄마 자랑도 들어 봐."
 내 자랑은 늙은이의 주제넘은 짓 아니다. 사실을 전해서 가르쳐주고 싶은 할머니, 어머니 심정이다.

가슴에 젓 담그는 여인들

"곯아도 젓국이 좋다." 옛날 바다가 먼 산골에선 냄새나고 곯아도 바다 새우나 멸치로 담근 젓국이 좋다는 말이다. 젓갈 담글 땐 소금 반 새우 반— 어느 날 정희 님의 말씀,

"선생님은 가슴에 젓 담그시고…"

"그게 무슨 말씀?…" "선생님은 남의 말 잘 들어주시더라고요." "꼭 그렇지만도 않은데…"

내게 무례한 말 듣고도 잠잠할 때— 그때 '내 가슴에 소금 쳐, 젓 담그는' 것 같다는 말씀.

내 어머니는 훌륭하고 엄격하신 홀 시어머님 시집살이, 남편의 냉정 무심 다 참고 살다 우울증으로 오랫동안 약 자시다 췌장 나빠져 떠나셨다(84세). 나는 밖에서 '가슴에 젓 담그다' 집에 와 남편에게 다 쏟아 버리니, 병은 안 됐지만— 이리저리 참고 산 삶이 쌓여서 요즘, 가슴 답답할 때가 있다.

허나 사람답게, 참고 사랑하며 살려면—

인생, 누구나 다 가슴에 젓 담그며 산다.

나에게는 언제나 꽃이 있어야 한다

 스승의 달 5월 어제(30일), 아들(50대) 고3 담임교사 사모님으로부터 꽃 선물 받았다. (내가 책 보내드린 답례인가.)
 오늘 아침에야 진보라색 수국 꽃송이 본 남편이,
 "저거 조화 아닌가? 저렇게 꽃이 클 수가! 옆에 있는 작약은 생화 같네만."
 "싱싱한 수국 이파리 보세요… 어제 손님 계실 때 꽃 배달 상자 풀었더니, 하도 크니까 그 분이 아아! 외이! 했어요. 이 진보라색이 오지 화병(작은 항아리) 속에서 더 살아나지요? 흰색 화병에 꽂아보니 진보라 진분홍 꽃들이 죽어 보여요."
 "저 오지항아리, 안 본 건데."
 "매화동 어머님(시어머님)이 주신 거요."

 꽃을 보면 맘이 고와진다. 꽃을 보고 화를 내는 사람 있을까?… "나에게는 언제나 꽃이 있어야 한다."
 수련의 화가 모네의 말이다.

작약이 피어나고 있어요

"이 선생님(아들 고3 때 담임), 사모님이 보내신 꽃과 자연산 토마토. 10시 40분경 받았는데, 손님 오셔서 점심 대접하다 늦었습니다. 꽃 한 송이 과일 하나하나 모두가 온 정성에— 온 감격입니다. 말문 막혀 글로 드립니다."

"이 글, 어제 드린 글인데 '보냄' 안 눌러 전송 안 됐네요.
 오늘 아침 보니, 밤새 작약이 더 피어나고 진보라 수국과 맑은 분홍 수국도 오지 화병에서 더 깊어지고 있습니다.
 이렇게 살아있는 신비인 꽃들!… 숙연해집니다.
 거대한 수국 꽃송이 보면서 주님의 신묘막측한 창조세계에 경탄합니다."(꽃꽂이한 꽃들 사진도 같이 보냅니다.)

이틀 뒤, 거실에 나가보니 진자줏빛 작약 꽃잎이 떨어졌다. 오래갈 것 같던 작약 꽃잎이… 먼저 핀 송이에서 낙화. 꽃잎은 피보다 붉다. 떨어진 꽃잎. 더 아름다운 애잔함.

2부

인정머리 있는 우리 집 장닭

인정머리 있는 우리 집 장닭

장성군문예창작반 나정례 시인의 시,
"인정머리 있는 우리 집 장닭" 전문이다.

"우리 집 닭장엔 닭이 18마리 /
어느 날 멸치 대가리 따서 닭장에 던지니 /
장닭이 구구구— 암탉들이 모여와서 동그랗게 먹는데 /
먹지 않고 바라만 보는 장닭— 너! /
인정머리 없는 남편보다 낫구나. //
불청객 참새 떼들 4, 50마리 / 몰려와 쫑쫑 먹는데 /
위엄 있고 잘 생긴 우리 집 장닭은 / 새들에게도 인정 베푸나— '들판에 먹을 것 없거든 언제든 와서 먹어라' //
사람보다 인정머리 있는 우리 집 장닭이다"

장성군문예창작반에서 시 쓰기— 제목은 "그 집 앞" 원저자인 현제명 시인보다 더 잘 쓸 수 없어,
나 시인은 제목 바꿔 "그 집 안"으로.
그의 독창성은 장성 황룡강 물줄기처럼 도도하다.

나羅 시인 남편은 낭만파 소년

나무나 꽃 심어 가꾸기 좋아하는 나 시인 남편.

올봄에 튤립 구근 30개(1개 4천 원) 12만 원 주고 사다 정원에 심었다. 그 사실 모르는 나 시인이, 호미로 정원 풀 매다 튤립 구근 쪼아버려서— 성한 구근 먼저 피고, 다친 구근 늦게 피어 정원은 우아한 튤립 꽃봉오리들로 품격 있다.

시골 친구들과 한 달 외식비로 40만 원 이상 지출하는, 낭만파 소년 나 시인 남편. 다시 태어나도 이 멋진 남편과 만나겠다는 나 시인. 그러나 남편은 좀 생각해 보겠다고— 그의 낭만은 흐르고 흘러 어디로 갈지 몰라 결정 보류인가?

'생각 좀 해보겠다.' 더, 더— 멋있다.

요리가 취미인 시인 아내가 텃밭에서 철철이 나는 채소로 새 반찬 만들어 식탁에 올리는 그 댁 주방엔 오늘도 냉장고 5대 씩씩하게 돌아가고, 낭만파 소년 남편은 오늘도 동네 사람들 마음의 쉼터 되어주고.

사람은 밥만 먹고도 못 살고 낭만도 한 사발씩 들이켜야— 나 시인 부부는 오늘도 그렇게 행복하다고.

그 아버지와 그 아들의 대화

나정례 님 작품 "아버지와 아들이 있는 풍경"
재미있어서 내 얘기로 한번 짧게 간추려본다.

"… '아빠(남편)가 외식비로 한 달에 40만 원 넘게 지출한다—' 촌사람이 주제를 모른다고, 내가 아들에게 하소연한 며칠 후, 아들이 카드 한 장을 만들어 왔다.
'아빠, 밖에서 식사하실 때 이 카드 쓰세요. 염려 마시고 쓰세요.' / 지(제) 구두는 뒷굽이 닳고 닳도록 신고 다니면서도… //

3개월 후, 어느 날 부엌으로 온 아들이 조용한 목소리, 조금 심각한 표정으로 말한다. '엄마, 아빠가 친구분들과 식사할 때 쓰시라고 해드린 카드, 3개월 동안 한 번도 안 쓰셨대?…' / 아하 이것이었구나!!… 몇 개월 동안 집에서 점심 꼬박꼬박 들고 난 뒤, 오후에 운동 시간 잡았던 것도. /

나의 수십 년 잔소리에도 고칠 수 없었던 것(외식비 과다 지출)— 내 아들은 카드 한 장으로 단번에— ㅎㅎㅎ"

장성 진원면에 가면, 그 효자 아드님. 내 꼭 만나보리라.

내가 좋아하는 외국 배우

내가 좋아하는 외국 배우(남자)는 톰 행크스. 서양 남자 같지 않고 맑고 투명한 듯, 배우 같지 않은 용모와 자연스런 연기가 좋다. (오래전 아니고) 신문에서 이런 기사를 봤다.

"… 2023년 최악의 남우조연상은 '엘비스' 톰 행크스였다… 영웅만 연기한 노배우의 늦은 도전이었다. 나는 영화를 보며 한탄했다. 톰 행크스는 악역을 못했다, 놀랄 정도로 못했다. 톰 행크스에게는 슬픈 일이지만 우리에게는 꽤 위안이 되는 이야기다. 40년 경력 대가大家도 영 못하는 게 있다는 위안 말이다. 그러니 설에 고향으로 향하는 당신도 못하는 전 부치기에 굳이 도전할 필요는 없다. 전은 동네 숙련된 전집 주인들이 제일 잘 부친다."(김도훈의 〈엑스레이〉에서)

대가도 못하는 게 있다. 대가는 다 잘할 거라는 생각은 대가에 대한 환상— '글만 보고 나를 아름답게 생각하지 마세요. 글 내용, 어쩌다 한 번 그렇게 산 얘기.'

보통 땐 못되고, 못난 나.

까마득한 옛일인데 기억하는 남편

두 달 전(2023년)부터 기다린 친구 따님 결혼식 날이, 집안 장손長孫 결혼식과 같은 날이다. 같은 날에 한 곳은 판교 오후 1시, 다른 곳은 수원 3시. 두 곳 다 가려면 판교에 들러 신속하게 수원으로 이동해야 한다. 그래서 길눈 어두운 내가 남편에게 판교 예식장 사전답사 부탁.

그날, 사전답사 가기 전, 남편이 내게 한 부탁.

"가다가 길 잘 못 찾아도, 아무 말 않기."

젊은 날, 명절날이면 시댁(수유리) 갈 때, 남편이 택시 못 잡으면 내가 짜증 냈다. 시댁 형님이 늦게 가면 뭐라고 할까 봐 전전긍긍해서 재촉. 까마득하게 지난 일인데 남편은 그걸 기억하고. 무심한 것 같은 남편도 예민한 데가 있다.

자존심이 전부인 남편들, 자존심 상한 걸 오래 기억한다. 그래서 부부는 어느 때나 인격적이어야.

하나님도 나를 사랑으로 용납하시지만 절대인격자— 두렵고 떨리는 마음으로 그 앞에 서듯, 부부도 그 인격 다치지 않도록 서로 조심, 조심해야.

오늘도 냇물은 저리 맑은데

친구 따님 결혼식장은 판교. 따님 다니는 유명 회사 지하 홀. 남녀 청년들이 신부에게 축하하려고 길게 늘어서 있다. 새로운(?) 결혼 풍속도다. 나도 신부 만나고— 오후에 친척 결혼식에 가려고 수원으로 가는데, 다리 밑으로 흐르는 냇물이 보인다. 물이 맑다. 아, 냇물은 저리 맑은데, 오늘도 세계는 전쟁 중. 그러나 오늘(2023년)도 내가 갈 아름다운 결혼식이 둘이나 있고.

판교 결혼식 참석하고 수원으로 가는 길. 판교 지하철역 8번(?) 출구 못 찾고 두 청년에게 묻자, 자기네 따라오라고.
같이 걸으면서 내가, "친구 딸 결혼식, 저 빌딩에 갔다 와요." 한 청년이 신부 동료라면서 "아아, 그 ○○○, 오늘 결혼식이지." "그럼 왜 이쪽으로 가요, 회사는 저쪽인데."
"우린 다른 건물에서 일해요. ○○○, 예쁘고 재능 있고."
세계는 전쟁 중이지만 동료 칭찬하는 청년이 있는 세상. 희망을 갖고 살아야— 저 청년들 좋은 이웃, 어머니 되어서.

내 창작의 산실

 한번은 내가 동생네 집에 겨우 가서 거실 바닥에 누우니, 동생이 말한다. "그렇게 아프면 오지 말고 쉬든지, 그렇게 와가지고는…" 옆에 사람 불편하게 한다는 뜻도 들어 있고, 언니 사랑하는 맘도 들어 있고… 평생 내 신음 소리 듣고 사는 남편을 생각한다.

 "언니하고 사는 형부는 어쩌겠는가? 형부가 고생이지." 해서, 처제들은 형부한테 잘하는가?
 오늘 새벽에도 여전히 일어나 글 쓰면서 신음한다. 어젯밤 잠을 잘 잤는데도 어질어질. 글쓰기 중단하고 소파에 눕듯이 앉아 '왜 저는 신음하면서 살아야만 합니까?…'
 '너에게서 하나님의 일을 나타내기 위해서— 네가 건강할 때보다 신음할 때 나(주님)를 더 바라보니까.'

 아기가 배고프면 울면서 엄마 찾듯 나도 아플 때, 신음하면서 더 하나님 찾고… 무엇으로도 안 되는 막막함 속에서 주님께 부르짖는 조용한 절규가, 내 창작 산실이다.

이거 당신 좋아하는 프리지어네

물도 잘 안 주고 귀찮아하면서 베란다에 방치하다시피 한 토종 난에서 갈색 꽃대가 올라와서 흥분한, 이른 봄 아침.

남편이 프리지어 꽃 사진 실린 신문 1/3 면을 오려서 내게 내민다, 선물이라고. "이거 당신 좋아하는 프리지어네, 프리지어는 '입학식 꽃다발'로 유명하다고 하네."

"어머나, 고마워요. 살아있는 꽃 선물보다 이 꽃 사진 선물이 더 고마워요."

왜 그럴까? 싱싱하게 살아있는 꽃 선물보다 신문에 난 꽃 사진 오려서 준 선물이 왜 더 고마울까. 거기엔 꽃 못 사주는 남편의 미안한 마음이 묻어있어서— 부모 생일날 선물 꾸러미 들고 온 자녀보다 차비 없어(먼 객지에서) 못 오고, 선물 살 돈 없어 빈손으로 오는 자녀가 부모는 더 마음 아프다.

"교회도 돈 있어야 다닌다." 그건 사랑의 하나님을 전혀 모르는 말이다. 가난한 사람들 위해서 예수님이 오셨다.

찾아보면 가난한 사람, 환대하는 교회가 얼마든지 있다.

꽃에는 재고라는 말이 없다

 오늘, 동네 꽃집에 들러 친구에게 말한다. "남편이 오늘 아침 신문에 난 프리지어 꽃 사진 오려다 주며 선물이라고 해서— 그 선물 고맙게 받았어요… 몇 년 전, 당신이 주신 프리지어, 싱싱할 때 말려둔 게 지금까지도 그대로."
 "프리지어는 말라도 꽃잎 안 떨어져요."
 "프리지어 생화의 강한 노랑이 마르면 은은해서 좋아요."

 친구는 꽃 냉장고를 열고 흰 프리지어 한 다발 꺼내서 준다. "선생님 이거 드릴게요. 하얀 프리지언데, 하얀색은 귀해요. 여기 꽃잎 가에 색은 변한 게 아니고 원래 꽃잎 색깔이어요." "… 이렇게 싱싱한데, 저를 주세요? 흰색은 귀한 꽃이라면서요." "이거 재고가 남아서…" "제가 보기엔 싱싱한데요, 뭘…" 흰 프리지어 안고 오면서 생각한다.

 '꽃에는 재고가 없다. 낙화도 꽃, 시든 꽃도 꽃이고. 생명에 재고가 없듯, 꽃이라는 아름다움엔 재고가 없다. 꽃 못 사주는 남편 대신 내게 꽃 주시려고 재고라고 하셨나?…'

아름다운 장미꽃 드리고 싶어서

정수기 코디님에게 집에 있는 고운 장미 세 송이 드린다. 자기 차 안이 덥다고 사양하는 그에게 내가 우겨서 받게 하는 걸 묵묵히 보고만 있던 남편. 코디님 가신 후, 내게 일갈—喝(?). "아니— 지금 가지고 가 차에 두면 시들어 버린다고 사양하는데, 왜 장미를 주느냐고! 거절하는 분한테 기어이— 당신은 너무 현실감이 없어. 말이 안 통한다니까!"

"차에 에어컨 켜 놓으면 돼요— 장미가 좀 시들면 어때요. 여기 있어도 시들고. 꽃을 받아서 안고 가는 그 순간에도 시들어요. 그래도 장미가 너무 아름다워서 드리고 싶었어요. 순간이라도 주는 사람 마음 다 받으면— 그 꽃이 평생 마음에 살아있어요!"

남편은 말 안 통한 아내에게 단단히 침묵하고, 장미 꽃잎처럼 보드랍게 못 하고 가시처럼 말한 아내는 뼈아프게 후회하고— 이게 우리 부부, 어느 날의 실상이다. (2020년?)

이젠 작가님이 안 떨려요

"전에는 작가님 만나는 게 떨렸는데, 지금은 안 떨려요."
한 30년간 나 만난 독자의 말이다. 오래 만나다 보니, 내가 이제 안 떨린다고. 안 떨린다는 건 새롭지 않다. 그는 또 "작가님 글(산문집)은 어려워요. 전에 글이 더 쉽게 읽혀요."

독자의 심혼心魂과 내 심혼이 달라서 그럴 것.

심혼이 다르다는 게 뭘까? 쉽게 말해서 나는 사람을 자주 만나도 떨리는데 그는 안 떨린다는 차이다. 나는 30년 만난 친지도 만나려면 떨린다. 어제 만난 동생, 오늘 만나도 새롭고.

그 독자— 그를 만나러 가는 길은 지금도 설레고 옷깃이 여며지는데, 나를 보면 안 떨린다는 독자, 내게도 책임 있다. 내가 너무 허물없이 대했나?

그래도 내 모성으로 감싸면서 만나련다. 나를 만나면 안 떨리고 편안하단 사람도 소중하다. 험한 이 불신 시대에 그만큼 정직, 진정스런 사람도 드무니까.

비 오는 날 오후 4시

비 오는 날 오후 4시, 동네 팥죽집에서 친구 만나고 있는데, 여주인이 희열 가득한 얼굴로 급히 나간다. 친구가 "어디 가요?" 나도 여주인에게 "우리 놔두고 어디 가요?"

"동서 만나 커피 마시러 가요." 내가 또 묻는다.

"그 해돋이(커피집) 아지트요?" "예, 맞아요, 거기요."

동서와 아지트에서 만나는 여주인 쑥부쟁이 아가씨(별명), 인성人性 좋아 동서랑 아지트 찻집에서 차도 마시고.

동네엔 여인들이 만나 속에 말 터놓는 아지트도 필요하나 보다. 일에 지쳐 있던 그가 저렇게 팔팔 살아나서 나가다니— 여주인 나가자, 청년 아들이 주문받고. 비가 와 손님도 뜸하고… 안주인 없는 빈 식당, 곧 쓸쓸해진다.

외국에서 사는 친구는 그 식당을 우리 집, 여주인을 가족이라면서 거기서 쉼을 얻는다. 왜 그리 되었을까?… 친구와 여주인이 주고받는 진정스런 대화가 그리 만들었을 것.

그런데 여주인 없는 빈 식당— 친구가 일어나자, 나도 일어나고… 동네 팥죽집도 따뜻하고 진정스런 사람이 움직인다.

남편은 온순해지고

폭염인데, 갑자기 자기 집에서 점심 들자는 친구 전화 받고, 시원할 때 가려고 부리나케 준비. 남편 아침 국으로 시래기된장국 끓여 냉장고에 넣어둔 게 있어, "예, 오늘 아침도 된장국 안 될까?" 몇 번 내놓은 국이라, 자신 없어 사정하듯이 묻는데 남편은 대답 않고… 국 대신 자작하게 자반고등어 조리는데, 양념이 복잡— 마늘 까고 양파 감자 썰고… 급한 맘으로 조리하다, 아내가 갑자기 큰소리로, "오매, (창문으로) 바람이 세게 불어서 가스 냄새가 다 나한테로 오네!!…"

짜증 범벅 아내 말에도 남편은 온순 부드럽게—

"그럴 땐 '바람아, 나한텐 불지 마라' 그러소."

뭔가 반성한 아내가, "요샌 내가 폭염에 짜증만 내는 괴물이 되어가네— 당신은 온순한 사람 되어가고— 괴물에 시달려서 온순해졌나?… 그런데 폭염엔 짜증도 냈다 풀다 하며 살아야지 어쩌겠어…"

오늘 아침 남편 온순한 말이 아내 짜증 범벅을 잠재운다.

"온순한 혀(따뜻한 말)는 곧 생명나무…"(잠언 15:4)

늬가 내 친구여서 너무 좋아

고위험심장수술하고 나온 어렸을 때 내 친구가 살아와서 전화한다. "… 일혜야, 나 심장 수술할 때 의사 선생님한테 뭐라고 말한 줄 아냐?… '선생님, 나 살려주지 마세요' 그랬다. 수술 전에 예수님이 보였는데, 아무 말씀도 안 하셔, 이제 그만 천국으로 오라고 하시는 줄 알고 그렇게 말했다. 그런데 수술도 안 아프고 퇴원도 일찍 했다. 기적이야—"

"퇴원하면서 거기 사람들한테, 예수님 믿으라고 하고 나왔다." "그런데 친구야, 예수님은 병만 낫게 하는 그런 분 아니셔. 병은 어쩌다 고치시고 주로 말씀으로 일하셔, 우리에게 하나님 말씀대로 살라고— 기독교는 병 고치고 기적이나 행하는 그런 미신 같은 종교 아니야, 구체적인 현실에 뿌리박은(근거한)— 삶을 살아내는 지혜, 생명의 말씀이야. 남에게 양보하고 참으면서 화목하게 살라는—"

"나도 알아. 늬가 내 친구여서 너무 좋아— 살아났으니, 하나님 기쁘시게 하는 삶 살아야지."

아침 출근길에 만나는 사람들

 나는 우리 나이로 열아홉 살 3월에, 고향 서삼초등학교 교사로 발령받아 갔다. 읍내 집에서는 한 4킬로. 강 같은 큰 냇물 나룻배로 건너 무서운 회양촌 산모퉁이 지나, 제법 잘사는 양반촌 금평, 신평 지나 산고개 넘어 학교로.

 5일마다 서는 황룡 장날 이른 아침에 출근하면, 일찍 장 보러 가는 사람들이 동네, 동네 고샅길에서 나온다.

 좁다란 신작로 길에서 그들과 마주친다. 종기 오빠, 종하 오빠, 덕동 아재, 구슬 형님… 그리고 퇴근해서 집으로 갈 때는, 장 봐가지고 구루마에 싣고, 이고 지고 오는 사람들. 인간은 왜 이렇게 가난하게 살아야 할까?

 때로는 사람이 뜸한 한적한 신작로, 손만 뻗으면 닿는 야산 자락엔 초록 맹감 송이가 조랑조랑 달려 있고. 맑은 산천 조용한 초가집 동네를 바라보면서— 쪽빛 치마 흰 저고리 입고, 꽃 같은 시절을 내 환상과 꿈으로 채우며, 비 오나 눈 오나 여학생이 학교 다니듯 다녔다.

고요 아가씨께

동네 찻집에서 "방탄커피" 마실 때, 찻집 따님 아가씨를 본다. 내가 그 따님을 칭찬하니, 그 엄마가 "남편이, 내가 태어나서 가장 잘 한 일은 이 딸의 아버지가 된 것이라고 해요." 남편과 딸을 자랑스러워하는 엄마 표정도 행복하다.

그 아가씨를 동네 친구 집에서 오늘 또 만났다. 친구가 한동안 앓다 나왔는데, 그 아가씨가 컴퓨터 앞에서 친구를 돕고 있다. 옆모습만 보고 저 아가씨가 누굴까?… 옆모습으로 봐도 분위기가 다르다. 얼굴이 좀 보이는데 그 찻집 따님, 고요 아가씨다. 친구가, "나를 도와주러 왔어요."
"그래요, … 오늘 아침 저 아가씨에게서 정적 같은 고요를 선물 받네요. 나도 선물하고 싶어요."
나는 내가 가지고 있던 책을 한 권 꺼내서 드린다.
자기 아버지에게 삶의 의미와 보람을 부여한 딸. 그는 그가 앞으로 만나는 많은 사람들에게 삶의 의미를 부여하고 그들을 정화할 것이다. 나에게 했던 것처럼.
고요 아가씨께 축복 있으라!

그 아름다움을 선사하세요

 나는 요즘(이른 여름) 이 분홍 원피스만 입고 나간다. 오늘도 그 옷 입고 동네 시인 친구에게 갔더니, "선생님 왜 이렇게 아름답게 하고 오셨어요… 선생님— 내 영혼의 친구—"
 "선생님(꽃 선생님) 만나러 오니까, 아름답게 하고 왔지요… 그동안 얼마나 힘드셨어요?"
 퇴원하신 뒤 오랜만에 만난 동네 시인 친구다. 그에게서 처음 들어본, "선생님, 내 영혼의 친구—"
 그는 내 글 행간에서 흐느낌을 읽어낸 분이다.

 내 화사한 분홍 옷이 영혼육 아름다운 이 친구, 기쁘게 했나?… 이상하다. 이 나이 내 맘에 꼭 맞는 이 옷. 연한 분홍 바탕에 실낱같이 가는, 검은 벼 이삭 무늬가 있는 듯 없는 듯… 이 옷. 광주 동생이 친구가 준 옷이라면서 내게 줬는데, 임자 바꿔가면서 사람 여럿 기쁘게 한다.

 '옷장의 아름다운 옷들, 이웃에게 조금씩 선사하심 어떻소?…' 사람에게 옷은 그 사람 언어라는데.

쪼들리는 내 삶이여 복되도다!

동네 친구 댁에 앉아있는데, 동네 교회 성도인 명희 님이 오신다. 금방 집에서 만든 송편과 상추 같은 채소 들고서. 전에 한 번 뵌 적 있는데, 고향이 목포라고. "목포의 눈물" 생각난다.

그가 만든 반달 송편 속(팥)을 설탕 아닌 꿀로 반죽했다는데 맛이 깊다. 목포— 그와 얘기하다 불쑥 내가 "이 동네에서 여기 아니면 차 한 잔 마시러 갈 곳이 없었는데, 이제 명희 님 댁에 차 한 잔 마시러 갈까?…"

내 책 한 권 그에게 선물하고 먼저 일어나는데, 친구가 송편 5개 싸주신다. 그것 들고 아파트 후문으로 해서 오는데, 날 알아보고 인사하는 아파트 청소 아주머니.

잘 안 본 분인데 나를 기억해 준 고마움에 손에 들고 있던 송편 얼른 드린다. 그리고 지갑 열어보니, 천 원짜리 몇 장. 커피 한 잔 사 드시란 마음은 다음에 드려야지… '아, 지난번 거기서 만 원짜리 다 드렸구나…'

언제나 쪼들리는 내 삶이여 복되도다!

거창한 말보다 지나가는 한마디가

아들이 집에 왔다. 거실로 들어서자마자 내가 "엄마 책이 나왔다!" 책을 보여준다. 아들은 저만치서 얼핏 스쳐지나 본 듯 만 듯한 눈길로 책을 보더니, 가볍게 중얼거리는 한마디.
"… (또) 분홍이구나…" 그는 요 근래에 나온 내 책 표지 바탕색이 희미한 분홍, 노랑, 미색에 권태를 느낀 내 아쉬움을 적중시킨다. 아아, 다음 책 표지엔 다른 색상으로 새롭게 해야지!

아무리 명품이라도— 품위 있고 우아한 옷이라도 여러 번 보면 질린다. 때로는 색상 디자인이 새로운 인조견 치마만 못할 때도 있다. 권태는 인간의 숙명인가?

그젠가, 친구가 "재미없는 사람은 안 만나고 싶어요."
대단한 신선함이다. 나도 재미없는 사람, 만나려면 주춤해진다. 재미는 새로움의 다른 표현이라 그럴까?
요즘 젊은이들이 노인을 꼰대라고 멀리하는 건, 재미라는 새로움이 없어서일까?

악마는 디테일에 있다

김남주 님 책 〈사랑할 수 있는 한 사랑하라〉 출판기념회 있는 수원 친구 댁. 그 집 찾는 길, 내게 문자로 보냈다.

"성대역 1번 출구— 맞은편 롯데마트 2-1번 승차— 동남타운 아파트 하차— 천 원 빵집 지나 우측 방향으로 직진, 버스 승강장 지나, 조금 걸으시면 ○○맨션 쪽문으로—"

'동남타운에서 하차 우측 방향으로—' 이걸 '성대역 1번 출구에서 우측 방향으로—' 착각하고 거기서 보이는 복잡한 건널목 중 우측 방향으로 건너가니, 목적지와 반대. 2-1번 마을버스 없다.

몇 번 그곳에 갈 때마다 여름 한낮 햇빛은 쨍쨍, 길은 복잡— 악마는 이 틈을 파고든다. 전에도 난 이 지점에서 헤매다 짜증. 내 잘못인데— 그래도 친구는 자기 잘못이라고.

그러나, 이런 일로 친구를 더 신뢰하게 되고. 사람은 거창한 것보다 시시한 호박나물에 넘어진다. 다른 이들에게 다 호박나물 주고 내게만 안 주면 속상한다.

"악마는 디테일(아주 소소한 일)에 있다."

내 사랑은 디테일에 있다

 어제 동네 친구네 꽃집에 앉아있는데, 근처 미장원에서 파마하고, 사람 많아서 뒷손질도 못 했다면서 명희 님이 들어온다. 우리 셋이 얘기하면서 5시까지— 구풋해서 멸치 쌀국수 먹고. 세 사람이 꽃가게 정리하고 일어나니 저녁 8시 반. 명희 님은 미장원 문 닫기 전에 가 머리 뒷손질해야 한다고— 그가 나하고 헤어지면서, 미장원 쪽 건널목으로 뛰어가는 모습을 짠한 맘으로 바라보다가 집에 오다. 밤 9시다. 그가 걱정돼, 그에게 전화하니 집에 곧 도착한다고.
 사리에 밝고 정확한 그가, 소설가 기일혜의 '한량없는 늘어짐' 끝까지 지켜봐 주시고.

 내 '한량없는 늘어짐' 끝까지 받아주면서 무례히 행치 아니하시고— 사소한 내 디테일에도 성실한 그에게 감동한다.
 내 관심과 사랑은 거창한 일보다 미세한 디테일에 있다. 예수님도 지극히 작은 자에게 한 것이 곧 내게 한 것이라—
 작은 일에 그 사람 진심이 더 나타나기 때문일까?

응급실에 가기 전, 몇 분간의 사랑

이천 김 선생이 보낸 상추 봉지 속, 종이 띠에 "영혼 구원" 전에 쓴 내 글 "119보다 먼저 영혼 구원" 생각난다.

(그 글이 중요하다고 생각돼, 여기 다시 쓴다.)

그날 저녁— 남편 안색이 갑자기 안 좋아 119 부르려다— 남편 구원 확인부터. "여보, 사람은 다 죄인. 사람은 다 죽어 하나님 앞에 서는데, 죄인으로 가면 죄 없으신 하나님 앞에 못 서요— 인간 조상 아담이 죄지어서 후손인 우린 다 죄인이어요. 그 죗값은 사망이라 다 죽어요. 그 죗값인 사망— 죄라는 빚, 누가 대신 갚아주면 내가 안 죽어도 되는데— 세상엔 죄 없는 자 하나도 없어— 내 죄 빚 갚아줄 사람도 하나도 없어요. 그래서 사랑이신 하나님이 죄 없는 자기 아들 예수님 보내, 내 대신 당신 대신 죽게 해서 내 죄 빚, 당신 죄 빚 다 갚아줬어요. 당신은 이제 죄 빚 없어, 죽어도 살아(부활). 이 사실 믿기만 하면—

안 믿어지면 믿음 달라고 기도하면 되고."

119보다 먼저 남편 영혼 구원— 구원 확인 후, 응급실로.

거짓의 반대는 "진리"

글이 깊어질수록 정직해진다. 사람이 백척간두에 서서도 거짓말할까? 사람이 죽을 때도 거짓말할까?

사람 마음 깊숙이 들어가야 깊은 얘기가 — 매일 만나는 친구라도 금방 깊은 얘기, 안 나온다. 하루 한낮이 다 가고, 그리고도 한참 있다가 해질 무렵 일어나려고 할 때 — 그때에야 깊은 참말이 나온다. 마음은 오랜 시간 침묵하고 기다리다가. 깊은 속문을 연다. 깊고 깊어서 알 수 없는 사람 마음 속. 굳게 닫혀 있는 속문. 정직, 사랑으로만 열리는 문이다.

글을 목숨 쏟아서 쓸 때, 작가 영혼의 깊숙한 곳에서 흘러나오기에 정직할 수밖에 없다. 그렇게 쓰는데, 무엇이 부끄러우랴. 누구 눈치를 보랴. 직업으로 전공으로 쓸 때 아니고 — 쓰지 않으면 죽을 것 같아, 신 앞에서 쓰는 글.

그런 글에 미사여구, 잘난 척 어디 있으랴! 정직한 실상, 진실 진리만 있을 뿐이다. 그래서—

〈거짓의 반대는 진리〉라고.

이 제라늄 꽃에는 사상思想이 있어요

모로코에 가서 본 제라늄은 참으로 신기했다. 화분에서 자라는 식물 아니고 울타리나 담장 밑으로 길게 휘늘어진 넝쿨식물이었다. 신기하다 못해 신비한 제라늄.

도스토옙스키의 〈가난한 사람들〉 제라늄을 귀하고 신비한 꽃이라면서 가난한 연인이 가난한 연인에게 선물한다.

인천 수정 님 베란다 조그만 화분에 심어진 몇 개의 앙증스런 제라늄. "선생님이 좋아하시는 제라늄…" 내가 방문한다고, 급히 사다 놨다는— 잊히지 않는 제라늄이다.

햇볕 좋은 동생네 거실에 색색으로 만발한 제라늄!… 며칠 전 본 친구의 1등 정원인 베란다. 파초가 있고 키 큰 나무도 몇 그루 있어 작은 식물원 같은 베란다에서, 선홍색 제라늄 보자 터진 내 감탄! "이 제라늄엔 사상이 있어요! 꽃 한 송이에 이렇게도 깊고 묵직한 생각이 담겨 있다니!…"

내가 함부로 쳐다볼 수 없는— 인격을 가진 것 같은 이 신기한 꽃 제라늄. 제라늄은 더우나 추우나 사철 핀다.

3부

백합꽃 엄마와 봉숭아 어머니

감히, 숙녀의 손을 잡아!

 아버지는 대화에 과장법 쓰지 못하는, 절대 정직에 가까운 고지식한 사람— 민망할 정도로 곧이곧대로 말한다.
 이런 아버지를 어머닌 바보 농판 무재인無才人— 동네 사람들은 법 없어도 살, 강변의 철학자. 그런 아버지가, "늬 할머닌 교육만 받았으면 김○란 박사(당시 ○대 총장)보다 더 훌륭하게 됐을 것이다." 신혼에 남편 떠나보낸 할머니는, 남편상喪은 평생복이라고 검은색 회색 옷만 입으시고. 무섭도록 사리에 밝고, 온 집안 동네를 호령하신 여걸 같으신 분.

 6·25 때 동네에 들어온 인민군이 무슨 일로 할머니(60대 후반) 손을 잡아끌자, "이놈! 늬가 감히 숙녀의 손을 잡아!" 호통쳤다. 일찍 남편 여의고 무능한 조카(내 아버지) 양자로 들여 재산 다 없애버려도… 꾸중 한 번 않으신 할머니.
 독립운동하다 감옥살이하는 친정 조카들 옥바라지로 목포 전주 대구로— 내가 만나본 한국 여인 중에서 지조가 높고 비범, 출중한 여인. 그 훌륭한 할머니는 내가 태어나자, 나를 부엌방에 가뒀다. 오래비 잡아먹고 태어난 것이라고.

토론토 집회 때, 일어난 일

 훌륭한 내 할머니— 그는 출산 못 해 아버지를 양자 삼고, 잘생긴 내 바로 위 오빠인 둘째 손자를 유독 사랑했다. 그 손자가 백일해로 죽자, 곧 태어난 손녀인 나— 할머니는, "오래비 잡아먹고 태어난 것, 내 눈앞에 안 보이게 해라!"
 부엌방에 갇혀 버린 나. "… 늬가 걸을 때야, 불쌍하다고 풀어주셨다… 그전엔 집안 식구, 친척 누구 한 사람 얼씬도 못 하게 해서— 내가 새벽마다 울면서 빌었다. 이 불쌍한 것 크면 만인에게 사랑받고 칭찬받고 살라고." 내가 50 넘어 우리 집에 잠시 계실 때, 어머니가 해주신 말씀이다.

 출생 즉시, 부엌방에 갇혀 살다 바깥세상으로 나온 나.
 두렵고 떨리는 마음은 80 넘어도 그대로여서, 내 산문집(1) 제목도 〈나는 왜 떨리는가?〉 토론토 집회 때— 두 번째 숙소는, 유명 강사들이 묵는, 반지하 넓은 스포츠 시설 갖춘 단독주택. 편집실장님과 동행한 나, 그 반지하 강사 숙소 보자 숨 막혀 다시 전 숙소로— 내 무의식엔 밀폐된 공간(부엌방) 공포증 있었나? 생후 1년 삶이 그 사람 성격을 형성한다.(?)

군산 가서 미두米豆하다 재산 날리고

 아버지는 호기심 많아 서울 J중학 2학년 때, 친구 경상도 ○○일보 사장 아들과 만주 하얼빈으로 가 방랑하다, 할아버지가 돈 안 보내자 고향으로 돌아왔다. 와서도 독서대 만들어놓고 누워서 책만 보다 집안 어른들이 시켜서 억지로 장가가고… (이런 얘긴 천재(?) 숙부에게서 들음)

 할아버지가 양조장 사라고 주신 나락 몇백 석 값, 국수國手와 9점 놓고 '내기 바둑' 두다 다 잃고— 죽어버릴까 하다 할아버지께 털어놓자, "괜찮다—" 그 뒤 할아버지를 존경하게 됐다고. 아버지는 내가 집안 얘기 물으면,
 "난 할아버지 얘기 (자랑 같아서) 듣기 싫어서 잘 안 들었다."

 '내기 바둑' 얘긴 아버지한테 직접 들었다. 아버지는 또 양어머니 재산, 군산에서 미두米豆(주식 같은 것)하다 날리고. 실패 연속의 인생이라 생각거리가 많다. 안 그랬으면 내가 아버지에게서 뭘 배웠겠나? 환상, 호기심, 이해타산 부족으로 재산 없앤 아버지에게서 난 가난과 인생을 배웠다.

양자養子나 친자親子나 상속권은 같다

 작은 어머니의 양자로 들어간 아버지, 할머니 재산은 다 아버지 것— 삶이 권태로운 아버지는 군산에서 미두米豆(일종의 주식?)하다 재산 없애고. 할머닌 침묵. 그 재산 아버지 것이니까.(당시 입양법) 그런데 우리도 하나님 믿고 양자 돼— 하나님의 모든 것 상속받아 하나님 모든 것은 다 내 것.

 "너희는 다시 무서워하는 종의 영을 받지 아니하고 양자의 영을 받았으므로 우리가 아빠 아버지라고 부르짖느니라 / 성령이 친히 우리의 영과 더불어 우리가 하나님의 자녀인 것을 증언하시나니 / 자녀이면 또한 상속자 곧 하나님의 상속자요 그리스도와 함께 한 상속자니 우리가 그와 함께 영광을 받기 위하여 고난도 함께 받아야 할 것이니라"
(로마서 8:15~17)

 나는 하나님 자녀니까, 자녀로서 영광과 함께 고난도 받아야— 사랑할 수 없는 자를 사랑해야만 하는 고난.
 용서할 수 없는 자를 용서해야만 하는 고통.

내 생명은 그렇게 조성되었다

생후 1년, 내가 부엌방에서 갇혀 살았다고 하면— 가족들 형제들 모두 다 먼 산 너머 얘기로— 낙동강 근원이 태백산 작은 연못이듯, 내 작가성의 근원 밝혀 나에 대한 오해를 풀고 싶다. 며칠 전, 가족 모임에서 내 수필집 일본어 번역본 자녀들에게 내밀면서 "일본 사람들은 일상의 삶을 중시해서 내 얘기도…" 그러자, 며느리가 받는다.

"어머니, 예수님처럼 사시는데, 그게 일상은 아니지요." 내가 예수님처럼 산다는 건 얼토당토않고— 나도 평범한 사람으로 이해받고 싶다. 그리고 내 가난 만드는 삶을 자기 의自己義, 위선僞善으로 알고— 그게 아닌데.

나는 가난 만들며 사는 게 가장 즐겁다. 그렇게 안 사는 게 괴롭고 불편하다— 그걸 자기 의? 위선?— 아니다.

그렇게 조성됐다. 내 생명 이해 못 해도 좋다.

생후 즉시 부엌방에 갇힌 삶은, 내게 교만하지 말고 겸손하게 살라는 창조주 뜻으로 믿고— 인간적 슬픔, 신음에서 나오는 내 글, 근원을 잠시 살펴보았다.

87세 윤진숙 님의 하루

어젯밤 윤진숙 선생님 전화 못 받아. 오늘 아침에야 내가 전화. 통화 중에 그의 오늘 하루 일정을 알게 된다.

그는 오늘 새벽 5시 일어나 30분 후, 지하철 보라매역으로 가― 공원에서 회원들과 에어로빅 하고 간단히 음료수 들고, 아침 들 때도 있고… 지금은 에어로빅 끝내고― 소하동 주민센터에서 민생지원금 받으러 기다리고 있다고. 사람이 줄지어 섰는데, 자기는 "넘버 쓰리" 9시가 되면 지원금 받아, 집에 가 단복(에어로빅) 벗고 아침 들고 또 복지관으로.

거기서 오목 두고― 내가 "바둑 오목이요?"

"아니 AI 오목이요. 기계로 하는데 재밌어요, 두뇌 단련도 되고… 4층에 가 탁구로 몸 단련하고 집으로―"

87세, 윤진숙 선생님 오늘 하루 일과다.

그가 민생지원금 받아 내 점심 사겠다고 해서,

"지금 윤 선생님의 활기찬 목소리는 폭염으로 지친 제 몸과 마음 살려내는 생명수, 밥입니다. 아침밥(점심 대신) 잘 먹었습니다. 감사합니다."

내가 커피 마시는 방법

오늘 내가 커피 마시는 데, 보온병 두 개가 필요하다.

한 개는 오래전 충남 홍성 목사님이, 가다가 커피 마시라고 주신 낡은 보온병. 다른 건 며느리 생일날 점심 후, 커피 마시러 갔을 때 계산대 밑에 놓여있던 연분홍 1인용 보온병. "어머니 좋아하실 색이네요." 사양하려다 사준대로 받았다.

보온병 하나에 커피, 다른 병엔 뜨건 물.

커피 병에 뜨건 물 부어가면서 연하게 마신다. 지난번에 구입한 모네의 희미할 정도로 연한 수련 맛이다. 마셔가면서 뜨건 물 부으니, 커피는 점점 순해지고 연해진다. 그 옅어지는 맛에 흠뻑 빠져드는데, 어찌 표현할까?

아무런 양념도 안 넣고 끓인 '순한 내 뭇국' 맛이라고나 할까?… 내 커피는 점점 희석이 되어— 커피 향 난 듯 만 듯, 내 존재감이 다 없어져 무無가 되는 순간…… 내 영혼까지 쉬어진다.(언제나 이렇게는 안 마시고 어쩌다 한 번씩)

가장 아름다운 꽃

장성군문예창작반— 회원 이정순 님의 시집 출간 축하하는, 박형동 시인의 시.

"가장 아름다운 꽃은 / 봄이 되기도 전에 피는 동백도 / 얼음을 뚫고 올라와 피는 복수초도 아니다 // 가장 아름다운 꽃은 / 온 봄을 가득 채웠다가 한 순간 사라지는 벚꽃도 / 계절의 여왕 오월을 화려하게 꾸며내는 장미도 아니다 // 가장 아름다운 꽃은 / 맑은 가을 하늘을 수놓은 코스모스도 / 된서리에도 향기롭게 피어나는 국화도 아니다 // 부러진 가지에서 돋아나와 / 가슴이 시커멓게 썩은 고목에서 돋아나와 / 몇 송이 안 되는 꽃 / 호젓한 뒤안길의 고목에 핀 꽃이다 // 황금보다 더 찬란한 저녁노을 같은 꽃 / 노인의 주름진 손끝에서 피어나는 꽃이다"
(가장 아름다운 꽃(이정순) 시: 박형동)

장성군문예창작반은 문학을 사랑하는 군민들이 모여서 문향 장성의 예술혼을 이어가고 있다.

군사부일체君師父一體의 제자 시인

 제자 순임 시인 전화다. '(올봄) 4월 29, 30 시간 낼 수 있느냐? 그때, 서삼 조카네 별장 이용할 수 있다고. 그때 제자들이 나를 만났으면—' 그러나 내 몸 상태 안 좋아서 취소.
 그 뒤 좀 회복되자, 광주로 가 순임과 제자들 만났다.
 그날, 일이 있어 고향 장성군문예창작반에서 순임 만났을 때, 그가 말한다. "… 선생님 못 오시면 제가 익산 아들 집 갔다가, 서울로 가서 한번 뵙고 올려고 했어요." "아니 뭔 말인가, 자네가 나 보러 서울까지 오려고 했다고!!…"
 "선생님은 부모 같은데(군사부일체) 편찮으시면 찾아가 봬야지요. 선생님은 제게 부모 같아요."

 순간, 제자 말에 정신이 번쩍! 이 못난 스승을 부모같이 여기다니— 제자에게 부끄럽고 하나님께 죄송하고… 왜 하나님께 죄송? 제자가 보낸 마음만큼 그를 못 생각하고 산 내가, 그분 앞에서 부끄러웠다. 사람이 크게 잘못하면—
 저절로 하나님 앞에 서게 되면서— 내 속이 비춰진다.

빛고을광염교회에서 드린 예배

광주 갔을 때, 내 제자 시인들이 출석하는 빛고을광염교회에서 예배드렸다. 그 교회 사모를 만나보려는 내 인간적인 마음도 있었다. 지난번에 사모 만나서 그와 점심 들 때, 첫인상이 꼭 두메산골에서 나온 순결한 처녀 같아서 동행한 순임 시인에게 물으니,

"질부(사모)는 아들 다섯 딸이 하나요."

까무러치게 놀란 나, 아무리 봐도 아이 여섯 낳은 엄마 안 같고 누구의 아내도 아닌 순결하고 고운 아가씨— 이번에 그 사모 다시 보려고, 그 교회에 예배드리러 갔다.

아내를 보면 그 남편을 알 수 있다. 남편 목사님은 아이티에 지진 났을 때(2010년) 교인들과 같이 구호하러 갔다.

"설교는 삶의 축적" 예수님 핵심 가르침인 산상수훈도 70프로가 삶을 들어 말씀하셨다고. 내 강사 생활 30여 년, 강의 제목은 언제나 "하나님 말씀을 내 몸으로 살기"

알타리김치 떨어지면 어쩔까?

 지난번 1주일간 광주 가면서 여러 가지 반찬 해서 일일이 이름 써 붙여놓고 갔는데, 남편은 생선조림 돼지고기 김치찌개는 거의 손도 안 대고, 자기 입맛 당기는 대로 미소된장에 두부 사다 삼삼하게 국 끓이고, 알타리김치 사다가 먹었다. 냉장고에 준비해 둔 반찬이 거의 그대로— 늙고 입맛 없다는 증거다. 부랴부랴 다음날 알타리 한 단 사다 담갔는데, 무가 달아서 맛이 일품이다. 엊저녁에 남편 하는 말, "알타리김치 떨어지면 어쩔까?…"

 감청색 양복의 멋진 총각 선생님이 60년 지나니—
 '알타리김치 떨어지면 어쩔까?…'
 옛날 생각하면서 혼자 웃는다. 그러나 걱정 마세요. 며칠 전 알타리 두 단 사다 밤늦게까지 보리밥 갈아서 담가놨으니. 푹 익으면 매운맛도 가시겠지. 알타리가 익어 매운맛 가시길 바라는 나도 누군가의 늙고 소박한 아내.
 나이 들어 변한다는 것, 일종의 성숙한 새로움 아닐까.

양자 님, 자주 노크해 주세요

우면동(서울) 양자 님이 보낸 글, 글은 그의 문학이다.

"작가님! 이제 내가 알았네요. 작가님이 항상 기쁨 가득, 피곤함을 모르는 건강의 비결은—

영혼을 사랑하는 주님의 마음, 그 마음이 깊이 있어 항상 샘솟듯 솟아나는 천진한 기쁨이 내뿜고 있음을. 다름 아닌 어린아이 같은 순수한 마음이라는 것을요~ 작가님은 목소리가 참 맑고 신선해요~ 남은 하루도 행복한 시간 되세요."

그가 또 글 보내면서, "자주 노크하네요~ 독후감입니다."

(양자 님이 두 번째 보낸 독후감)

"내 마음이 가장 낮은 데로 임해서 살면, 이 땅에서 내가 가장 행복하다고~ 예수님의 가장 값진 감춰진 복음! 그 복음을 누리고 계신 작가님은 참 위대하십니다."

그의 노크가 반가워서 보낸 내 답글,

"자주 노크해 주세요… 제 영혼을 진단해 주시는 양자 님. 언젠가, 제가 당신 영혼의 분신 같다고 했지요. 어찌 당신 고결한 영혼, 곁에나 가겠습니까."

손수건 다림질하는 청옥 님께

"작가님 이 더위에도 편안하신지요? 손수건을 다림질하는데… 전에 제가 작가님 오라버니에게 드릴 손수건 가져간다고 했는데, 지난번에는 잊어버리고… 다음번에는 꼭 가져갈게요… 샬롬" 청옥 님이 보낸 글에 드린 내 답문.

"요즘 계속되는 폭염 속에 친구 집 갔다, 가슴 답답해져, 그 댁에서 안정 취하다 밤 10시에 귀가… 선선한 바람 부는 9월에나 만나요. 죄송."

청옥 님은 손수건을 모으신다. 하루는, 그가 세계 여러 곳에서 모은 손수건 10여 장 가지고 오셨다. 정신이 혼미하게 아름다운 그 손수건들! 난 그 아름다움이 무서워(?) ─ 동네 친구에게 다 드리면서, "당신은 직업상 많은 분 만나니, 이 아름다움, 귀하게 여길 분께 나눠드리세요."

그 뒤에도 가끔 주시는 손수건, 남자용이면 내가, "오빠 드려야지." / "왜 작가님은 언제나 오빠 드려야지 하세요, 남편 안 드리고." / "오빠는 손수건 애용자라 그래요… 남편은 나 자신이고."

궁극적인 목표는 '따스함과 밝음'

 이런 말을 들었다. 사람에게 궁극적으로 필요한 건 '따스함과 밝음'이라고. 이 말씀 생각하니— 장성 성산 유탕 김경숙 님이 생각난다. 그는 광주 동생이 장성 있을 때, 가까이 지낸 분인데 내가 옆에서 잠깐 그를 지켜보기도 하고 동생에게 전해 듣기도 한 분이다. 참 따듯하고 순하게 밝은 사람. 그가 사는 시골 동네 유탕을 비추는 밝은 빛이다.

 '물질 가는 데 마음도 간다.' 물질 받으면— 어떤 마음으로 보냈는지 그 마음도 보인다. 마음은 마음을 알아본다.
 경숙 님이 과수원 하실 때, 내 책 몇 권 드리면 아낌없이 과일, 과일즙 보내고, 어느 땐 힘든 김장도 해서 보내고— 동생 교회 권사님이라 매정하게 끊을 수도 없고. 그래도 물질 받는 것 싫어하는 나는 오랫동안 무심했다.
 세월 지나고 난 이제야— 그가 보낸 건 '따스함과 밝음'
 그가 보낸 건, 물질이라기보다 마음이었음을 깨닫게 된다. 김경숙 님께 더 애정을 보내면서.

장성長城 일목一目이 장안長安 만목萬目보다 낫다

지하철 7호선 철산역 11시, 기숙해 님(84세: 구한말 6대 성리학자, 기노사 6대손)이 먼저 오셨다. 식당에 들어가 그와 대화 중— 노사 할아버지 유명한 일화를 그에게 말씀해 드린다.

"장성 일목一目(노사 선생은 어려서 눈을 다쳐 외눈)이 장안 만목萬目보다 낫다." 내 얘기 다 듣고 난 숙해 님 대답은,

"이 얘기도 신문에서 보고 알았어요. 누가 안 가르쳐주더라고요… 그때 전라도를 누가 개땅쇠라고 하니까, 신문에 반박하는 글이 실렸는데, 그때 봤어요. 거기 노사 할아버지 이야기가 실렸더라고요. 이 문제(전라도 개땅쇠)로 재판도 했어요. 내가 여고생(전주) 때였는데, 그 재판정에도 가 봤어요."

"당신은 그때부터 의식이 있었네요. 역사 사회 정의에 관심이 있었고요."(2020년)

옛날 중국 사신이 가지고 온 문제를 서울(장안) 사람들도 못 맞췄는데, 눈 하나 가진 장성 기노사 선생이 맞췄다고 해서—"장안長安 만목萬目이 불여不如 장성長城 일목一目"

(노사 선생보다 숙해 님(지금 89세) 자랑하고 싶어서 이 글을 쓴다.)

검은색 바지와 감색 바지

 그 버스정류소에 도착하면 언제나 마중 나와 있는 소하동 친구. 점심 후. 그가 입은 인조견 섞인 검은 통바지, 내가 좋다고 하니 똑같은 감색 바지가 하나 더 있다면서 꺼내준다. 난 이런 바지가 처음이라 신기해서— 감색도 입어보고 검은색도 입어보니, 검은색이 더 어울린다.

 그가 "검은색은 어떤 옷에나 어울려요. 그게 맘에 들면 그걸 가지세요." 그는 자기 몸에 맞게 바느질해서 고쳐놓은 검은색 바지— 바느질 다 뜯어내고 내게 준다.

 다음 날 그에게 전화, "여자들은 다 옷 욕심 있는데, 당신은 나를 생각해서 맘에 든 검은 바지— 당신 몸에 맞게 바느질한 걸 다시 다 뜯어내고 주시다니… 어떤 친구는 딸이 엄마 옷 한 번만 입자고 해도 안 된다— 당신은 여성 감정도 초월하셨나?"

 그는 좋은 옷 내게 주고 그만 못한 옷 입어도 만족한 표정. 어떻게 저런 마음이 되실까?

 사소한 일에서 큰 하나님 사랑을 본다.

그러니까 더 정들어버렸어요

 어제 그 바지 준 소하동 친구에게 내가 전화— 생각할수록 그가 고마워서다. 어제, 그가 준 옷 입고 좋아서 내가 유치하게 까불면서 막 웃자— 그도 자지러지게 웃으면서 따님이 사준 카키색 여름 바지도 내게 입혀보더니, "선생님은 뭔 옷이나 소화를 잘하시네요." 그러자 나는 그만 이런 말 같잖은 얘기까지 해버리고— "내가 젊을 때, 옷가게 많은 상가에 옷 사려고 들어가 입어보면 사람들이 모여들어요. 옷집 여주인은 그 옷 입고 조금만 더 있다 가라고 해요."
 이런 철딱서니 없는 얘기까지, 우세스럽게 다 얘기하고— 오늘 아침 그에게, 어제 까불고 제 자랑 같은 얘기 죄송하다고 하니, 그의 대답이 전혀 예상 밖이다.
 "선생님, 그러니까 더 정들어버렸어요, 한마디로."

 사람은 안 좋은 속 모습도 보여줘야 관계가 더 깊어지는가? 사람은 참 묘한 영물이다. 친구들은 내 푼수 같고 채신머리없는 얘기를 더 좋아한다.
 유치함, 솔직함은 정직의 사촌이라 그런가?

정원과 서재가 있다면

오늘이 6월 28일인데 한여름처럼 덥다. 시원하게 거실 가구 배치 다시 한다. 긴 나무의자 두 개를 대화할 수 있게 위치 바꾸고. 긴 나무의자에 다리를 펴고 앉으니— 가죽이나 헝겊 소파보다 훨씬 시원하다. 내가 이사 올 때 긴 나무의자 둘 고른 건 탁월한 선택. 나무는 여름엔 시원하고 겨울에도 부드럽다 할까. 무명옷이 여름엔 시원하고 겨울엔 따뜻하듯이.

버나드 쇼는 "회전 작업실에서 종일 정원 바라본…"
정원 바라보면서 종일 생각하고 쓰고.
로마의 정치가 키케로는 "정원과 서재를 가지고 있다면 원하는 전부를 가진 것" 사람이 정원과 서재, 가지면 전부를 가진 것일까?… 부족하고 연약한 인간인 나는 정원과 서재보다 먼저 신神(창조주)을 가져야 한다.
요즘 나는 그림 많이 있는 거실을 정원처럼 거닐면서, 신 앞에서 겸손해지고… 그러면서 또 생각하고 생각하고.

3부 • 백합꽃 엄마와 봉숭아 어머니

나는, 보고 싶은 사람이 없어요

작년엔가 한 친구 집에 가서 대화 중에, 내가 사람 만나면 기쁘다고 하니— "나는 보고 싶은 사람이 없어요…"
그땐 좀 의아했는데, 요즘은 내가 그렇게 되어간다.

얼마 전, 두 친구 만나고 와서 쓰러지면서 하는 내 생각, '아아!…(오만하게) 난 사람을 다 만났구나. 인류를 다 알아버렸어…' 깊은 절망감이 스쳐 지나갔다. 살다가 지쳐서, 이젠 사람 안 만나고 안 보고 싶은 나… 한 독자가 보낸 글이다.
"정말 보고 싶습니다."

답글 보낸다. "내 글이 바로 기일혜— 내 글 읽으면 나를 보고, 만나는 것입니다. 내 영혼육이 녹아 있는 글 속에서만 나를 만나시길, 죄송합니다." / "감사드립니다."
그래도 '감사드립니다.' 이런 답글 보내시다니— 너무 감사해서 달려가고 싶은 심정이 되기도 하나— 사람은 심정의 동물이면서도 아니다. 사람은 사랑하는 마음 가진, 지정의知情意 인격체. 심정을 절제하는 조화로운 생명체다.

태양아 들어가라, 구름아 나오너라 1

 연일 기록 갱신하며 폭염이 계속되는 오늘 아침, 친구 전화다. "오늘은 구름이 많이 낀다는데(그럼 시원하니까), 우리 집에 오실 수 있어요?… 전화했다고 혼내지는 마세요—"
 8월은 내가 외출 않고 글 쓴다 했기에, 그가 미안해서 먼저 하는 말이다. 그러나 이 무서운 폭염에 자기 집에서 밥 먹자는 친구가 있다니!… '전화했다고 혼내지는 마세요.' 이런 귀여움 앞에서 누가 화를 내고, 누가 그 청을 뿌리치겠는가?

 그가 고춧가루 떨어져서 좀 담고, 출발.
 그는 문어회로 나 보양시키러 오라 했다고… 점심 준비로 그가 잠깐 마트 갔다 오는데, 해가 반짝 떠서—
 "태양아 들어가!" 태양아, 하면 안 될 것 같아,
 "태양 씨 들어가요! 들어가!" 하다 또 "구름아 나오너라!"
 '작가님 오시는 길 시원해야지—'
 태양과 구름에 명령하는 친구. 그 댁에 있는 동안, 해가 좀 뜨면 '안 돼! 안 돼!' 호통쳐서, 구름 덮인 하늘로 시원한 하루 만들어주는(?)— 내 재미있는 친구.

태양아 들어가라, 구름아 나오너라 2

오늘 아침에 일어나자, 어제 친구 말이 생각난다.

"오늘은 구름 끼어 시원한데…" 날 불러놓고, 잠깐 또 해가 반짝 나오니, 걱정이 돼— '태양아 들어가!' 하다 '태양 씨! 들어가요 들어가!' 하다 또 '구름아 나오너라!'

그가 한 말들이 기발해서 그에게 전화한다.

"당신은 태양과 구름에 명령하는 거대한 여인! 당신은 점점 재미있어지고 웃음과 즐거움도 많아지고… 막 커지네요."

오늘도 폭염인데, 그가 오늘도 일정 없다 해서 그에게나 갈까 하자— 그가 "오늘은 나, 태양 책임 안 져요."

오늘은 그가 날 안 부르고, 내가 자원해서 가니까— 더워도 책임 못 진다고.(그래서 그날은 안 갔음)

"생명은 자란다." 지금도 공부가 가장 즐겁다는 친구(70대 초). 갈수록 그가 자라남은, 그가 하나님 마음을 닮아가기 때문일까. 그는 그리스도의 장성한 분량까지 자라날 것—

하나님 자녀인 우리들 속엔 살아있는 예수님 생명이 있기에, 우린 자라나고, 성장할 수밖에 없다.

'예 알겠습니다' 한마디의 힘

지금은 복잡다단한 시대, 스마트폰 문자 답글도 간결하게 '넵, 오키(오케이의 약자), ㅇㅇ(알았다)'. 그런데 좀 정중한 답글 보낸 독자가 있다. 내가 그에게 전화했는데, 그가 못 받았다. 나중에 그가 전화했는데 내가 또 못 받고. 미안하다고 외출하면서 보낸 내 글에 대한 그의 답문은 이렇다— 그는 짜증 낼 만도 한데, "예 알겠습니다."

공손하게 답문 보냈다. 그 공손한 글에 대한 답례로,

다음 날 시간 내서, 그 독자 만나 점심 들고 공원 산책하고.

그의 답문 '예 알겠습니다' 힘이다. 정치도 "어휘력 싸움"이라고. "태초에 말씀이 계시니라 이 말씀이 하나님과 함께 계셨으니 이 말씀은 곧 하나님이시니라"(요한복음 1:1)

말씀으로 천지창조하신 하나님, 그의 자녀인 사람 말 한마디도 천금 같은 것. 말만 잘 하면— 천 냥 빚만 갚겠는가?

온 우주를 주고도 못 사는— 사람 마음도 얻을 수 있는데.

남편은 아내 손님들 피해 소요산 갔는데

저녁에 우리 집에 오신 손님 두 분. 그들은 직장여성들인데, 내 수필집 50권 출판(2023년) 축하하는 꽃바구니와 케이크 들고서 저녁에 오셨다. 밖에서 같이 저녁 들고 오면서, 내가 하는 말. "우리 집이 별것 아니지만 남의 집 방문은 공부도 되니까, 인생 선배로서 오시라고 한 건데 이렇게 선물을, 난 선물 싫어하는데…"

집 구경하고 즐겁게 이야기하다 보니 밤 10시

손님 중 한 분이 남편 만나보고 가고 싶다고. 남편은 오늘 아내 손님들 피해서 소요산에 갔는데… 그렇게 아쉬워하면서 손님들이 가실 무렵. 남편은 그때 소요산에서 돌아와 아파트 공원 벤치서 문자 보낸다. "시간 더 늦어도 당황하지 말고 침착하게 결례되지 않도록 현명하게, 끝."

이런 남편의 자상한 배려에도 아내는 불만.

'끝' 자는 왜 썼지? 어떤 한계성 드러낸 말이라 싫다. 작가 아내는 남편에게 신神이 되라고— 남편은 그런 아내에게 나, 신 아니야— 사람이야!

백합 열 몇 송이가 막 피어서

 엄동설한, 혹한 추위에 나는 백합 향기 맡으러, 두툼한 검은색 순모 오버 입고 따뜻하고 행복하게 외출한다.
 친구가 받은 꽃바구니 선물에 백합 열 몇 송이가 막 피어서, 지금 향기가 진동한다고 얼른 빨리 오라고 해서 가는데, 검은 순모 오버가 나를 포근하게 감싸준다. 동생에게 글 보낸다. "영하 9도. 부득이한 외출— 네가 사준(30여 년 전) 오버 따뜻하게 입고. 누가 그런 고급 오버 사주겠니?…"

 비싼 가격의 고급 오버라지만 가격 같은 건 모르는 나, 동생 마음만 안고 간다. 이 오버는 길어서 따뜻하고 순모의 검은색은 신비하리만큼 아름답다. 유행 바뀌져도 이 아름다움엔 변함이 없고. 겨울에 한두 번 입고 고이 넣어둔 옷이라 지금도 입으면 새 옷 같은— 동생이 사준 신비한 오버, 내 추운 겨울, 추운 마음을 훈훈하게 싸안아준다.
 '오버 자랑이야, 동생 자랑이야—'
 다른 이에겐 별것 아닌 게 나에겐 별것이 되기도.

백합꽃 엄마와 봉숭아 어머니

 한파주의보가 내린 날, 백합 향기 맡으러 오라고 해서 간 친구네 집 거실. 선물 받은 꽃바구니에 백합 열 몇 송이가 만발해서 그 향기가 집 안 가득한데, 친구가 해준 이야기—
 친정엄마가 집에 한번 다녀가라고 해도 바빠서 고향집에 못 가고 있는 맏딸에게, 어느 날 전해 온 소식.
 "어디 갔다가 우리 집 대문만 열면 백합 향기가 진동을 해야… 바람만 불어도 온 집 안에 백합 향기가 진동을 하고— 너 한번 안 올래?" 서울 있는 딸, 보고 싶은 마음 백합 향기로 대신하는 엄마. 그래도 딸은 바빠서 못 가고— 백합 향기 날아가듯 그 엄만 훌쩍 천국 가버리시고.

 언젠가 내가 고향집에 갔더니, 어머니가 앞마당에 봉숭아를 가득 심어놓았다. 더 놀란 건 이듬해엔 그 봉숭아가 싹 사라졌다. '꽃은 비실용적이라?…'
 친구 엄마가 뒤란에 백합 심어놓고 딸 기다리고, 내 어머니가 온 마당에 봉숭아 심은 건— 못다 푼 그들의 한이었을까? 한 번 내보이지도 못하고 시들어 버린 꿈이었을까.

사소한 것도 물어보는 친구

아주 소소한 일까지 묻기에 더 애정이 가는 내 친구.

그날 질문은. 친구의 큰언니 손녀, 시아버지 3년상喪인데 친구는 그 먼 사돈댁에 10만 원 부조扶助했다. 예수 믿는 이모할머니(내 친구)의 사랑을 전하려고— 그 뒤. 그 손녀 시어머니가 친구에게 답례품 보냈다. 그 예물 잘 받았다는 인사, 전화로 해야 하는데 어떻게 하면 좋을까?… 사소한 것도 내게 묻는 그가 고마워서 내 생각을 말한다.

"전화할 때 호칭은 사부인이라고 하면 좋을 것 같네요… 답례로 주신 것 고맙게 요긴하게 잘 쓰겠다, 잘 받았다는 인사만 정중하게 간단히 끝내는 게— 길어지면 실수도 하게 되니까. 어디까지나 내 의견이니 참고만 하세요… 언제라도, 새벽이든 밤중이든 전화하세요. 당신 전화받는 건 내겐 더 할 수 없는 기쁨. 당신 삶이 바로 내 삶이니까요."

자녀의 사소한 질문에도 기쁘게 응답하듯, 내 젊은(?) 친구의 사소한 질문에도 기쁘게 응답한다.

4부

황제 메론과 아버지 메론

모든 것이 사랑이었구나

내 산문집(5집) 〈내 속에는 무엇이 살고 있는가?〉 읽고, 동네 시인이 보낸 글이다.

"갈수록 갈수록 깊어지는 선생님의 글, 작가에 대한 알 수 없는 연민과 크게 아팠던 내 설움과 범벅되어 울컥거리는 이 마음을 어찌합니까…… 선생님 글 속에 숨어 있는 울컥거림이 내 영혼의 깊은 골짜기를 휘집고 다니면서 알게 됩니다……. 모두가 사랑이었구나— 이렇게밖에 표현 못 하는 제가 못나 보이고 답답합니다.

'이틀간 눈 오는 것만 바라본 나' 선생님의 그 아름다운 글을 읽으며 너무 사모하는 나는, 힘든 투병도 물질의 고통도 모두 잊게 하는 치료약입니다. 나는 선생님과 한 편 정도는 닮은 것 같습니다. 저는 이런 글이 너무 좋으니 말입니다. 아직은 잘 보이지 않은 눈으로 이제야 선생님의 글을 읽고 나 혼자 사모하며 몇 자…"

"……"

새것이 오면, 헌 것은 없어지고

   10년이 뭐야, 더 오래 오래된 조그맣고 낡은 안방 TV.
   거실에 새것 들이고, 거실 걸 안방으로 옮기면서 안방 오래된 걸 버린다. 매장 직원들이 와서 손 빠르게 집 밖으로 내놔버렸다. 새 거 설치하느라고 정신없다가, 일 다 끝나자 남편이 갑자기 말한다.
   "나, 테레비 잘 가라고도 못 했네. 그동안 잘 썼다고 미안하단 말이라도 할 걸…."
   "아까 보니까 청년들이 문밖으로 얼른 내놔 버리데요. 문밖에서 초라하게 있는 걸 보니 나도 속이 안 좋습디다… 테레비 하나와 헤어지는 데도 이러는데, 앞으로 소중한 사람 보내고 어찌 살지— 더 좋은 천국으로 가서 곧 만나게 될 거라는 마음 가지고 슬퍼 안 해야 해요…"

   남편도 나도 말이 없고— 아무리 좋은 천국이지만 소중한 사람 보내고 어찌 안 슬플 건가? 새것 오면 헌 것은 없어져야 하고… 부부는 65인치 새 TV가 좋으면서도 왠지 낯설고 슬퍼 보이기도.

황제 메론과 아버지 메론

요코하마 사모와 서울에서 두 번째 만나는 날.

내 책이 새로 나와서 드리려고— 사모는 집 앞 찻집으로 오셨는데, 무슨 황제 메론을 백화점에서 사가지고 오셨다. 이 비싼 것을! 선교사님이 무슨 돈 있겠는가. 그 메론 아끼다 애들이 와서 깎아보니, 맛이 정말 황제나 드실 맛이다.

메론, 하면 아버지 생각이 난다. 메론 농사짓다 실패해서 빚이 1,200만 원. 아버지는 오빠 통해 일본에서 메론 재배 책 구입해, 책만 보고 남의 손에 키우니 되겠는가. 빚만 쌓여 결국 오빠가 그 빚 갚고— 딸들은 메론 농사 그만하시라 강권하고, 그래도 오빠는 아버지가 하고 싶어 하시니 계속하시라고— 1년에 산삼 두 개(1개 6백만 원) 사드린 셈 칠 테니— 손해 나도 하시라고. 다섯 딸들은 그런 오빠에게 놀라고.

그 무렵 친정에 가면 상품 못 된 메론이 잠실 방에 산처럼 쌓여있고— 뒷마당 가마솥에, 메론 고아 조청 만든다고 불 때는 어머니. 그 속도 타들어가고… 다 나를 키운 밑거름이다.

옆집에서 보낸 미나리

우리 옆집 부인(60대 후반)은 방송통신대 영문과 졸업반이다. 코로나 때 답답해서 시작한 영문학 공부. 답답하면 운동이나 다른 소일거리 찾지 공부할 생각을— 그것도 어려운 영문학을. 이것만으로도 내겐 경이로운 여인. 고등학생 때 글도 잘 썼다는 그는 내가 책 드리면 "어떻게 그렇게 잘 쓰세요." 나를 인정, 존중하는 모습이 꿈 많은 여학생 같다.

'그래 맞아, 내가 그를 좋아함은 생명의 풋풋함. 늘 웃고 다정한 그 싱싱함이야.' 그를 만나면, 언제나 나를— 일상에서 어디 싱싱한 나라로 데려가 버린다. 그 힘은, 어느 여름 새벽, 찔레꽃 흰 블라우스 입고 골프 가던 그 청초함이다.

얼마 전 그가 시골에서 보낸 거라면서 준 미나리, 연하고 향긋하다… 그의 졸업식에 간다고 했는데, 졸업식이 지나갔나? 졸업식엔 못 가도, 그는 두고두고 내 옆집 영문과 학생.
향긋하고 청초한 여학생으로 내게 남아있을 것이다.

마음은 전철보다 더 빨리 갑니다

집 앞 전철역에서 요코하마 사모 기다리는데, 약속 시간보다 늦다. 침을 맞고 오시기에 한 15분 늦는다고. 그래도 제시간에 나가서 기다리는 나. 한 10여 분 뒤 요코하마 사모가 보낸 글. "선생님 더 늦어지게 되네요. 너무너무 죄송해요. 지금 청계산 입구 지나고 있어요. 죄송해서 어떡해요!!" "괜찮아요. 천천히 오세요, 너무 서두르지 마시고."

"고맙습니다. 정말 죄송합니다. 전철보다 더 급한(빠른) 마음으로 달려갑니다!!"
"그럼 안 돼요. 느긋하게 오세요." "감사합니다."
전철보다 빠르게 달리는 마음으로 오신다니— 그가 한 시간 늦은들 어떠랴. 광활한 우주적 사랑 안에서 영성을 가진 우리들. '이런들 어떻고 저런들 어떠랴—'

'전철보다 더 빠른(급한) 마음으로 달려갑니다.'
어쩌면 그런 표현을 다 하시지?
나는 그 신선한 표현, 즐거워만 하면 된다.

셀라 킴(뉴욕 독자)의 유머스낵
- 낙타 이야기

셀라 킴이 〈유머스낵〉 작은 수첩 6개를 내게 주면서,
참고하라고 해서 몇 편 옮긴다.

〈낙타 이야기〉

낙타는 수맥을 알고 물줄기가 있는 곳에 도착하면 움직이지 않는다고 한다. 그때에 그곳을 파면 물이 나온다고. 목마른 사람들은 경이감을 느끼며 자신의 목 축이기에 바쁘겠지만, 아무리 목이 말라도 낙타의 도움으로 판 구덩이에서 물이 나오면 첫 번 나오는 물은 고마운 마음으로 낙타에게 한 바가지 떠서 줘야 한다.

〈스트레스 줄이는 법〉

나를 위해 5불을 주고 청바지를 사는 것보다,

다른 사람을 위해 5불어치 무언가를 사 주는 것이 스트레스를 줄이는 것이라고 한다.

〈대인과 소인〉

대인 - 바른말을 알아듣고.

소인 - 바른말에 성을 낸다.

셀라 킴(뉴욕 독자)의 유머스낵
– 무엇이든지 탐내지 않고

셀라 킴의 유머스낵(수첩)에서 옮긴 글이다.

"소노 아야꼬의 〈나는 이렇게 나이 들고 싶다〉 일본인의 생각을 들여다볼 수 있다. 나이 든 사람도 젊은 사람도 읽어보기를 권한다." 이런 셀라 킴의 의견도 덧붙인다.

〈1. 스스로 해결하지 못하는 일은 일단 포기할 것. / 2. 태도가 나쁘다고 상대를 비난하는 것은 무의미하디. / 3. 의사가 냉정하게 대해도 화내지 않는다. / 4. 같은 연배끼리 사귀는 것이 노후를 충실하게 하는 법. / 5. 생활의 외로움은 아무도 해결해 줄 수 없다. / 6. 혼자서 즐겁게 지내는 습관을 기를 것. / 7. 무엇이든지 탐내지 않는다. /
8. 자주 버릴 것.〉

자주 버리는 게 탐심에서 벗어나는 일일까?
내 생각은 다르나, 여기선 소노 아야코의 의견만 듣기로.

재미없게 얘기해서 죄송합니다

어느 아낙이 죽으면서 "이놈의 세상 빨리 떠나자—"
죽음에게 어서 가자고 막 재촉한다.
"죽음아! 어서 빨리 가자, 저 지긋지긋한 살림 못 따라오게!"(민간에서 전해지는 속말)

살림하는 주부가 얼마나 힘들었으면 이 세상 하직하면서도 죽음을 재촉했을까. 나도 어제 친구 집 다녀와서 생각한다. 어제 내가 '주방 탈출' 했었구나. 친구가 해준 밥 먹으면서 아아 기분 좋았다. 그렇다고 사람이 밥만 먹으려고 사람 만나는 것 아니다. 재미가 있어야— 순간, 순간 하는 말, 생각이 재미있고 우스워야— 어느 날 인터넷 강의 듣는데, 갑자기 강사님이, "재미없게 얘기해서 죄송합니다."

재미있게 강의하시는데 이런 말씀까지 하시니, 웃음과 재미 폭발! 또 그 강사님은 "인생은 해야 할 숙제가 아니라 하나님과 함께 즐겨야 할 신비—" 이런 말씀도 하시고.

내가 살림을 숙제처럼 해서 지겹나? 살림도 주님과 함께 즐겨야 할 신비라면— 지겨운 살림도 재미있지 않을까?

95세 아내가 차린 밥상

영암 조동현 선생님, 그 사모님인 하 여사님. 여사보다 박사라는 말이 어울릴 것 같다. 여자가 하는 모든 일에 거의 달인이시니까. 한참 소식 없이 지내다 이번에 신간(기일혜 산문집 5) 보내드리고 전화했다. 그분 연세가 지금 95세 조 선생님은 98세인데, 사모님이 매일 새 반찬 해서 상에 올리신다고.

아직 85세인 나는 반성한다. 그리고 더 놀란 건 시금 1,000평 밭농사 짓는데, 요즘(여름) 새벽 5시에 일어나 6시면 나가서 일하고 8시에 들어와 아침 먹고 점심 싸가지고 또 밭에 나가 일하다 저녁 8시에 들어오신다고. 1,000평 밭이지만 2모작하는 채소도 있으니 2,000평 버는 셈이라고.

"열아홉 때 일 양을 내가 지금 하고 있지요."

우리 집 34평 살림, 1,000평 밭농사에 비하면 아무것도 아니다. 그런데 남편은 늙어갈수록 할 일이 적어지고, 아내는 늙어갈수록 할 일 많아지고— 이게 다 아내 복이려니 생각하고 감사하면서 살아야지 한다.

여보, 문 열어주세요

동생한테 들은 얘기다. 아는 여인이 교회 가서 신앙생활 하고 싶은데 남편이 반대했다. 그래도 가끔 교회 예배에 참석하는데 하루는 저녁 예배 끝나고 집에 가니— 남편이 문 잠그고 안 열어준다. "여보, 문 열어주세요?" 그래도 계속 안 열어주자, 여인은 무슨 생각에서인지. 문 열어 달라는 상대방 호칭을 남편 아니라 예수님으로 바꾼다.

"예수님, 문 열어주세요." 남편이 곧 문 열어준다.

남편의 무의식엔 창조주 경외하는 마음이 있었을까?

그건 모르지만— 이름은 본질을 드러낸다고 한다.

무슨 사건이 나면 그걸 '자기 사건화' 말고 '하나님 사건화' 해야 한다고. 문 안 열어주는 남편 상대해서 감정적으로 대하지 말고, 내 삶의 주관자이신 하나님께 아뢰고 대화하면, 예상외로 일이 쉽게 풀린다고.

사건을 '자기 사건화' 하면 나는 잘하고 상대는 못한 것 같고. '하나님 사건화' 하면 내 잘못만 보인다. 하나님 앞에서 내 잘못만 보이는 건, 하나님은 사랑이시기 때문.

동생하고 나하고 만든 꽃밭에

〈올해도 과꽃이 피었습니다〉 어효선 선생님이 작사하신 동시다. 그 한 구절을 내 책 제목(12집)으로 정하면서 어 선생님 만났다. 시집간 누님이 한 분 계셨는데, 그 누님 생각하면서 지은 동시라고.

〈올해도 과꽃이 피었습니다 / 꽃밭 가득 예쁘게 피었습니다 / 누나는 과꽃을 좋아했지요 / 꽃이 피면 꽃밭에서 아주 살았죠 // 과꽃 예쁜 꽃을 들여다보면 / 꽃 속에 누나 얼굴 떠오릅니다 / 시집간 지 온 삼 년 소식이 없는 / 누나가 가을이면 더 생각나요〉

광주 동생 집 넓은 베란다 한쪽에 꽃밭을 만들었다. 꽃집에 가서 예쁜 꽃들을 두 번이나 사가지고 왔다. 공작이 날개를 펼친 것같이 귀여우면서도 화려 우아한 랜디 제라늄 분 두 개. 맑은 진분홍색 제라늄, 그리고 꽃기린, 이름 모를 선인장 종류 등. 조촐하게 만든 꽃밭이다.

'동생아, 언제나 꽃 보면서 푸르게 살아서, 산찔레 같은 네 향기— 오래 나누면서 살아라.'

요즘 참 보기 드문 여인들

광주에 갔다가 동생에게서 참 귀한 얘기를 들었다.

동생 며느리가 언젠가 어버이날 시어머니에게 선물 드리면서, 이런 감사의 말을 했다고 한다.

"○○ 아빠 같은 남편 낳아주셔서 감사합니다."

요즘 이런 며느리가 있다니!… 동생의 다른 며느리도 시어머니인 내 동생을 엄마, 엄마라고 부른다. 난 시집가서 처음에 시어머니를 어머니라고 부르는 데 저항을 느꼈다. 나중엔 안 그랬지만. 그런데 스스럼없이 엄마, 엄마라니—

젊어서 직장 생활 하면서 공부 많이 하고, 약한 몸으로 성실하게 살더니, 착한 며느리들을 두었구나. 몸 약한 동생을 둔 언니로서 마음이 놓인다. 예부터 며느리는 천복天福이라는 말이 있다.

내 동생 며느리들, 요즘 참 보기 드문 여인들이다.

'조카들이 착실하니 질부들도 그렇겠지.'

우리 동네엔 시인이 많다

 동네 그 찻집 앞, 데크 위 칠판에는 새 메뉴가 분필 글씨로 소개된다. 여주인(정순영 님, 50대 초)이 시 쓰는 분이라 메뉴도 신선하게 자주 바뀌나? 그가 처녀(19세) 때 쓴 시, "아이야" 전문이다.

 "아이야 / 우리는 긴 머리 소녀가 아니란다. / 우리는 짧은 머리 숙녀란다. // 하늘과 은하의 아침 이슬을 / 발걸음도 가볍게 밟기에는 / 아직은 동백 둥우리 속에 있어야 한단다. // 우리의 우리의 것 위에 / 우리의 가락을 틔우기에는 / 아직은 긴— 긴 입맞춤이 있어야 한단다. // 아이야 우리는 긴 머리 소녀가 아니란다. / 우리는 인고의 한 해 두 해 석삼이 있어야 한단다. // 아이야 / 동백꽃 잎 뒤녘에 하—얀 눈이 내리면 / 우리는 / 우리는 어이할 거나."

 시인 많고 신학대학교 있고, 선한 목자가 인도하는 교회가 있는 우리 동네는 참 좋은 동네다.

비법은 양념 조금

 동생 집 식탁에 오른 코다리조림. 담백하게 맛있어서 어떻게 만들었느냐고 묻는다. 동생이, "내가 먹으려고 양념 조금밖에 안 했는데…" 비법은 양념 조금이다.
 다음 날 아침 동생이 준 코다리 졸이는데, 남편이 와서 보더니, 지느러미 다 떼 내라고. 나는, "요리사가 말하는데, 지느러미도 영양 있다고 다 넣으라 하던데요…."

 몇 해 전 숲속에 있는 유명 음식점. 점심 식탁에 오른 코다리찜, 어찌나 진덤진덤하던지, 코다리 맛 아니고 양념 맛.
 어렸을 때, 음식에 일가견 있는 아버지 앞에서, 내가 음식 잘하는 분으로 집안 어느 숙모님을 대니— 아버지는 역정 섞인 말투로 반박하셨다. "그게 양념 맛이지… 음식은 원재료 맛이 나야, 음식 잘하는 사람이다."

 담백한 음식이 드물 듯, 담백한 사람도 드물다.
 음식이고 사람이고 진덤진덤해지는 요즘.

내가 좋아하는 소하동 정원

난 가끔 그 정원에 가고 싶다. 거긴 나무 한 그루 없는 정원, 안방에 딸린 작은 베란다. 한쪽에 있는 철제 선반엔 단호박 두 개, 붉은 고추 널어놓은 자그마한 채반… 싸락눈 같은 천일염 넣어둔 투명한 유리병. 고운 마늘 조각 들어 있는 붉은 그물망… 잘 닦아서 윤이 나는 작은 오지항아리 단지 그리고 화분 두어 개… 이 오붓한 살림살이에 가을 햇살 내리면—

김치와 나물에 밥 한 그릇 먹고, 그 정원에 앉아있으면— 어떤 대화도 이 작은 정원이 주는 안식을 대신할 수 없다. 서삼 할머니 집 뒷마당 장독대 근처, 가을이면 감나무 잎 찬란한 단풍이 수북하던 뒷동산 밑 안온함이 그대로 있는… 소하동 정원. 언제라도 밥 먹으러 오라는 정희 님 댁.

언제나 집에 계시고. 세상사, 인간사에 안 바쁜 그가 좋다.

누가 내 옆에 있느냐에 따라, 나무 한 그루 없는 그 집 안 베란다가 정원이 되기도 하고… 오늘은 그 베란다에,

노란 민들레꽃 한 송이가 피어 있다.

책 선물 그만, 해야지

'앞으론 내 책 선물 안 해야지, 이제 책 선물 그만 해야지—' 내가 선물한 책, 책 안 읽는 시대라 책 줄 사람도 없다는 어느 분 말씀 듣고 하는, 내 혼잣말이다.

독자에게 책 나왔단 광고만 하고— 광고문 읽고 필요한 사람은 주문하도록.

책 안 읽는 시대 책 선물은, 내가 억지로 떠안기는 귀찮은 선물? 귀찮은 선물 되지 않으려면, 책 선물 그만, 해야지— 이런 생각 남편에게 말하니, 내 의견에 대한 남편 답변이다.

"그래도 10권 보내던 데 5권 보내고, 5권 보내는 덴 한 권, 줄여서 보내는 건 몰라도 일시에 딱 끊고 안 보내면 되겠는가? 그건 예의가 아니지…" "예의?… 무슨 예의요?"

"책 선물 보내다, 안 보내면 예의가 아니라고요?… 하긴 그렇기도 하네요. 하나님은 우리에게 순종하라고 했지 성공하라고 안 하셨대요."

나는 글 쓰는 사람, 책 판매 생각 않고, 글만 써야.

5월에 오신 손님

 한 10여 년 전 동생 집에 일이 있어서 갔다. 그때, 만난 허분선許紛鮮 님. 그 뒤 그가 가끔 생각날 때도 있었는데, 그분이 어제 동생과 같이 우리 집에 오셨다.
 그분이 가셨다. 그분 가시고 난 뒤, 그가 가진 것을 다 내게 주고 가셨다는 마음이 든다. 왜 그랬을까?…
 그분 성함은 허분선許紛鮮, 독특하다. 이름은 본질을 뜻한다는 말에 기대어, 그의 이름에 내기 딕딤 한마디.
 "내가 가루가 되어 나를 남에게 신선하게 나누어 드리는 일 하라고— 주님이 부르신(허락하신) 사람이란 뜻으로 생각됩니다."
 그는 이렇게 자기 이름 풀이해 주는 사람 처음이라 한다. 그러나 중요한 건 '그가 지금 그 이름 풀이처럼 사신다는 것'

 그가 가신 뒤, 그가 가진 걸 내게 다 주고 가셨단 마음이 든다. 왜 그랬을까? 마음의 일은 오묘 신비해서 문자로 표현하기 어렵지만… 어떻게 설명 안 되는 내 마음이 그렇게 되었다는— 그게 중요하다.

내가 만나는 사람들은, 나를 끌어올린다

 그때는 잘 몰랐는데, 이번에 곰곰이 생각해 보니— 무엇을 곰곰이?… 순천 독자, 장 선생님이 보내신 그 글. 작가인 나보다 한 수 위다. 그 글 생각하면서, 세상엔 글 잘 쓰는 분들 너무 많이 숨어 있구나!… 부끄러움이 엄습한다.

 나는 전에 쓴 내 글 부끄러워서 못 본다. 그런데 지난번 책 〈내 속에는 무엇이 살고 있을까?〉 몇 번 보았다. 몇 독자들 평이 특별해서—그게 사실인가 하고 보니, 내 실력 이상으로 쓴 것 같다. 이유는? 여럿 있겠지만, 장 선생님 글에 대한 고마움과 존중의 마음에서, 한 1년 쉬려던 건강도 마음도 뛰어넘어서, 나를 나 이상으로 끌어올려서 그랬을까?… 아마 그랬을 것이다.

 누구를 존중히 여기거나 귀히 여기면 사람은 자기 실력 이상이 되고, 자기 실력을 훌쩍 뛰어넘는다. 나를 순화시켜 나를 뛰어넘게 하는 독자들이 많다. 아니— 내가 만나는 사람들은, 나를 끌어올린다. 그래서 내가 계속 글을 쓰고 있다.

누군가의 마음을 살릴 수만 있다면

S치과에서 치아 둘 크라운 씌운다. 내가 힘들어하니까, 치료하는 간호사님이 "30대도 힘든데… 조금만 더 참으세요." 나 따라와 대기실에서 오래 기다리던 남편도 치료실로 들어와 "조금만 더 참으세요." 눈물이 내 두꺼운 눈가리개 밑으로 흐른다. 그러나— 남편 먼저 보낸 친구들 생각하고 미안해서 얼른 마음 바꾼다. 사람 마음은 말 한마디에 위로받고 힘이 나고, 아픈 것도 참아진다. 이ㄴ 시인의 글이 생각난다. "누군가의 마음을 살릴 수만 있다면…"

지금은 '마음이 죽어가는 시대'

얼마 전 친구가 내가 드린 작은 봉투 보더니, "작가님은 어려울 때, 저한테 수혈했어요. 나를 살렸어요."

사람 몸 수혈은 물질로 한다면, 사람 마음 수혈은 무엇으로 할까?… 죽어가는 사람 마음에, 내 마음 다 부어드리면— 그 마음 살아날까?

내 마음, 어떻게 다 부어드리지?… 주님이 가르쳐주시겠지. 사람 마음 살리는 사랑의 언어와 기술, 지혜와 영감을.

나를 알기 위해서— 글을 쓴다

"자신이 생각하는 것이 무엇인지 알기 위해— 시를 쓴다. 자신이 아는 것이 무엇인지 알기 위해— 말을 한다."

망명 시인 브로드스키(미국)의 말이라고 한다. 나도 친구와 말을 하면서, 내가 뭘 알고 있고 뭘 모르는지 깨닫게 된다.

그 망명 시인은, 자신이 뭘 생각하고 있는지 알기 위해 시를 쓴다고 하는데— 나도 글 쓰면서 내 생각이 무엇인지 알아가고, 내 생각이 부분적이고 깊지 않다는 것도 알게 된다. 한마디로 나를 알기 위해서 글을 쓴다.

사람이 어떤 주제로 말을 하든— 글을 쓰든— 자신을 알아가는 한 방법이다. 그러나 나를 근원적, 객관적으로 알려면,

내 언행과 글을 하나님 말씀으로 비춰봐야 한다. 비춰보면, 나는 아무것도 아니라는 걸 알면서 겸손해진다.

"… 오직 겸손한 마음으로 자기보다 남을 낫게 여기고"
(빌립보서 2:3)

이 부끄런 마음을 너에게 준다

지난번 며느리 생일날, 바쁜 그를 만나러 그가 출석하는 교회로 갔다. 일찍 가서 한참 교회 정원을 거니는데, 며느리 만난다는 게 갑자기 부끄럽다는 생각이 든다.

왜 그랬을까?… 그동안 잘 보살피고 돌보지 못한 어머니 마음에서 일어난 자연스런 현상이다. 나는 곧 이 부끄런 마음을, 그에게 주려는 조그만 봉투에 그대로 쓴다.

"너를 만나려는데, 왜 이렇게 부끄럽지… 이건 내가 너를 주님 사랑(온전한 사랑)으로 사랑하려 하기 때문이야.

이 부족하고 부끄러운 마음을 너에게 준다."

생각하면— 나를 어머니라고 부르는 며느리들. 이 고맙고 부끄런 마음 어찌 전할까?… 가끔 며느리들에게 말한다.

"난 너희들 시어머니 아니야 친구야. 친구도 아니야— 난 통 세상사에 아는 게 없으니— 난 왜 이리 세상 사람들, 너희들 앞에서 자신 있는 일 하나 없지. 난 늘 부끄런 어머니야."

못 팔린 내 책 2천 권과 살기

 출판사 이전으로 지하 서고에 있던 내 책 2,000권, 집으로 실어왔다. 트럭에 싣고 우리 아파트 높은 데로 옮기는데 여러 사람이 수고했다. 그렇게 해서 지금 내 책 2천 권이 우리 집 동향방, 복도에 쌓여있다. 남편이 헌책은 1,000원에 팔더라고 2백만 원 출판사로 보내고(출판사는 그만두라는데).

 못 팔린 내 책 2천 권과 같이 사는 나. 매일 그 책 둘러보면서 생각이 많다. '책 안 읽는 시대, 책 계속 내야 하나?… 글 쓰는 사람이 왜 판매까지 마음을 써?'

 날마다 눈뜨면 못 팔린 내 책 보면서 살고 있다.
 "유튜브 보지, 누가 책을 봐."
 "책 만드는 종이 값 인건비도 오르고—"
 그래도 내가 사는 동안은 안부편지 쓰듯 써서 드려야지. 이건 내 글 즐겨 읽으시는 분들과 무언의 약속이니까.

 '무언의 약속은 마음의 일이라 더 지켜야지.'
 그들이 있어 내가 있으니까.

쓸데없는 소리가 쓸데 있을 때

어제, 탁 선생이 사람 시켜서 거대한 수박을 보냈다.
겁이 날 만큼 커서 남편이 밀대에 싣고 경로당으로 갔다. 오늘 경로당에서 점심 후식으로 그 수박 쪼개는데— 두 사람이 잡고 한 사람이 칼질. 수박 맛 달고 시원하단 남편 전화받고, 오늘 아침 나눈 얘기가 생각난다.

오늘 아침 내가, "오늘 경로당에서 수박 나눌 때, 수박 주인 행세 마세요. 사람이 뭐 내놓고 유세하는 것처럼 꼴불견 없어요." "쓸데없는 소리—" "쓸데없는 소리도 쓸 데가 있어요. 난 당신 어머니니까(창세기 3:20) 하는 말이어요."

그리고 남편 힘내라고 남편 세워주는 옛날 얘기도 하나—
"그때(남편과 같이 근무)— 1학년 5반 교실 옆 식당에서 옥수숫가루(외국 구호품) 떡 쪄서, 쉬는 시간에 교사들도 가서 먹었지요. 내가 남자 교사들 먹는 모습 다 봤어요. 다들 그냥 보통 먹는데, 당신은 매너 있게 든다고 할까?… 그렇게 오늘도 매너 있게 처신하시라고요!…"

아버지의 대학 노트

아버지의 대학 노트. 처녀 때, 펴 본 적이 있다.
"나는 가노라 / 산 넘고 물 건너 //
나는 가노라 / 나는 가노라"
대학 노트 두 페이지에 사선으로 크게 쓴 글. 가장인 중년 남자가 도대체 어디로 가겠다고, 가출하겠다고?… 난 걱정도 안 했다. 젊은 내 마음에도 약간 관념적으로 들렸기에… 아버지는 가출보다 더 큰 존재의 허무 느끼고 목적지도 없이 그냥 이 인간 사회 떠나 어딘가, 저 하늘 달나라로 여행이라도 가고 싶었나?… 내가 젊었을 때 고향 역에 도착해서 보면— 멀리서 걸어오는 아버지, 달나라로 여행 가는 소년이 지구라는 허공을 딛고 오는 듯했으니까.

계산할 줄 모르고, 손해 나는 줄도 모르고 아이처럼 사신 아버지— 그런 생명도 살게 하시는구나, 어머니 같은 아내 주셔서— 세상에서 한 번도 뭘 이룬 적 없는 아버지.
하나님은 우리를 이 세상 보낼 때, 선하게 살다 오라 하셨지. 뭘 이루고 오라 안 하셨다.

우여곡절이 더 필요하다

 내 책(4집), 표지화 결정하러 출판사에 가는 날. 이번 표지화는 독자에게 새로운 느낌을 주고 싶어서— 한 시안을 택해 수정 거듭하다. 추상적인 핑크색 꽃으로 결정하고. 집에 돌아와 며칠 두고 보니, 위험부담이 있어 다른 걸로 바꾼다. 표지 작업에 참여한 이들에게 미안하다.

 이번 일 하면서 배웠다. 표지 디자인에 일가견 있는 사장님, 내 환상 살려주려 많이 양보하시고. 디자인 전공 편집실장님도 자기 취향 뒤로 하시고… 새것 찾는 내 생각 위주로. 그러나 새것엔 위험부담이 따른다. 추상으로 기울면 주제 전달이 어렵고 구체적이면 가볍거나 심심해진다 할까… 환상과 구체가 조화로워야 하는데— 그 조화마저도 깨버리고 새롭게 창출하고 싶지만 내 실력이 그 단계 아니다.

 우여곡절이 더 필요하다.
 꽃길만인 인생이 없듯이, 내 창작 산실은 언제나 내가 죽어야만 하는 고난의 길 위에 있다.

조막만 한 사과 15개 이야기

남편이 조막만 한 사과 15개, 만 원에 사가지고 왔다. 지난 폭우에 떨어진 것들인가? 두어 개 발그레하고 다 퍼래서, 햇빛 비치는 탁자에 늘어놓았다. 그러면서 묻는다.

"이걸 어디서 샀어요?" "신림동에서 친구 만나고 오다가… 그 가게 아주머니가 장흥 분인데, 나를 보면 어르신 요즘 건강은 어떠시냐고 친절하게 대해줘… 아주머니도 그건 안 된다는 걸 내가 샀네." "젊잖은 양반이 조막만 한 걸 산다 하니 안 된다 했겠지요… 그러나 잘 했어요. 남편이 썩은 사과를 사와도 잘 사왔단 동화 속 할머니 아내도 있는데, 그런 걸 사주는 당신 같은 사람도 있어야지요."

탁자 위에 며칠 두어도 퍼런 사과, 남편이 그걸 깎아주는데— 이 맛이라니!… "어머! 이 사과 맛이 꼭 어려서 할머니네 옆집 선이 언니 사과나무에서 따먹던 그 맛이네!… 어린 사과라— 오염이 덜 돼, 순수한 사과 맛이 나나 봐요."
퍼런 사과 맛이 좋다는 아내 말에 남편은 안도하는 표정.
삶에 서툰, 아내 눈치 보는 남편이 늘 안쓰럽다.

내 절정의 경험

 이 아파트에 입주해서 10여 년 지난 오늘 아침, 현관에 큰 바퀴벌레 한 마리가 죽어 있다. 생각이 많아지면서 30여 년 전 첫 수필집, 바퀴벌레 소독에 관한 내 글이 무섭게 떠오른다. 내 인생 절정의 경험— 줄거리만 옮긴다.

 그때, 30여 년 전, 주방 구석 밥상에서 원고지 늘어놓고 글 쓰고 있는데 방송에서 아파트 소독하라고— 지금 원고 쓰는데— 소독, 안 받을까 하다 하나님이 보고 계셔서 받기로 한다.

 곧 분무기통 멘 빼빼 마른 아저씨가 흰 마스크 쓰고 들어온다. 처참하게 마른 그가 무섭게 보였는데도 궁금해서, 이 방 저 방 소독하러 다니는 그를 뒤따라 다니면서 물었다.

 "아저씨 왜 그렇게 말랐어요?" 그는 끝까지 묵묵부답하다가 나중에 한마디— '소독약이 독해서 마른다. 아내는 식당일 하다 넘어져서 아프고, 중학생 아들은 말 안 듣고… 소독도 약이 독해서 더 이상 못 하겠고, 가출해야겠다…'

 그가 가출하면 '한 가정이 무너진다! 안 된다!'

나는 책 속에다 넣어두고 쓰던 생활비 4만 원(처음 만 원, 나중에 3만 원) 꺼내서 다 드린다. 고기 사 자시고 가출하지 마시라고. 돈을 받아 든 그는 나를 어떻게 봤는지 더 강력한 요구— 수첩 꺼내더니 "여기 주소가?…"

아저씨는 나를 저당 잡으려는 듯 물었다. 이 대목에서 내가 주소 안 가르쳐주면—

저 인생살이에 지쳐 쓰러져가는 약자에게 나쁜 불신감만 더 줄 것 같아서— 나는, 나를 다 내어주는 심정으로 내 주소, 이름, 전화번호까지 다 적어준다. 그런 내 행동 밑바닥엔, 저 사람이 날 해치지 못하게 하나님이 지켜주시리라는 믿음이 받쳐주고 있었다.

내 믿음대로, 그는 30여 년 지난 지금까지 내게 전화하지 않고 있다. 그리고, 나를 봐서라도— 하나님은 그 아저씨도 선하게 인도하셨으리라 믿는다.

365일이 당신 휴가잖아

친구가 이번 주 여름휴가라면서 원고 다 마쳤으면 시원한 자기 집으로 놀러 오라고 한다.

'나도 내일부터 3일 휴가(낮에만) 가겠다고 해야지.'

그리고 곧 남편에게, "친구가 시원한 자기 집으로 놀러 오라네요. 휴가라고… 날씨 더우니 당신은 집에서 지내고, 내가 휴가(외출) 갈게요. 화, 수, 목 사흘 낮에만." / "365일이 당신 휴가잖아." / "그러네, 맞네. 365일이 휴기었네."

그동안 나는 가족, 친구랑 휴가 가거나 놀러 간 적 없다. 누구와 휴가 간다는 것, 그게 더 짐이 되는 나.

가만히 생각하며 집에 있는 게 가장 편안한 삶(휴가).

달리 쉬는 방법을 모른다.

예수님도 부활 후 만난 제자들에게 가장 먼저— 세 번 하신 말씀이, "너희에게 평강平康이 있을지어다"

남편 말처럼 1년 365일이 휴가인 나— 언제나 내 맘대로 산 삶이 다 휴가, 이렇게 늘 평강, 평안인데, 따로 휴가 갈 필요 있을까?… 내 평안 속엔 '몸' '정신' '영혼' 쉼이 있다.

책 안 읽는 시대에 책 만드는 사람

 출판사 이전으로 서고에 남은 내 책 실어가라는 급한 연락 받고 남편과 같이 갔다. 추운 겨울날 직원들이 지하 서고에서 책 끌어내느라 수고하고. 노년 회장님은 안 팔린 책들 폐지처럼 던져지는 것 보면서 속 쓰려 하시고… 내 책 못 팔려서 출판사에 손해 끼쳐드린 내 속도 쓰리고.
 '앞으론 한정판만 내고 끝내야지—' 못 팔고 버리는 책 없도록— 내가 그런 결단, 할 수 있을까?

 남편은, 아내 이름 적힌 책이 폐지같이 돌아다니는 게 보기 싫다고 책 2,000권 집으로 운반. 그리고 그 많은 책 중, 출간 순서대로 3권씩 골라 "보관용" 써놓고— 나도 손 못 대게— 그러나 남편 생각과 내 생각은 다르다.
 내 책 "보관용" 필요할까?
 사람 좋아해서 내 책 한 권 안 남기고 다 줘버리는 나.
 지나가는 산들바람같이 가벼운 내 글은 다 1회용. 궁극적으로 하나님 앞에 가지고 갈 건— 내 글 아닌 내 삶이다.

기일혜 작가의 끝나지 않은 이야기 6

내가 두고 온 소년

초판 발행일 2025년 9월 25일

지은이 기일혜
펴낸이 임만호
펴낸곳 창조문예사
등 록 제16-2770호(2002. 7. 23)
주 소 서울 강남구 압구정로 404, 2층(청담동)(우 : 06014)
전 화 02) 544-3468~9
F A X 02) 511-3920
E-mail holybooks@naver.com

책임편집 김종욱
디자인 이선애
제 작 임성암
관 리 양영주

ISBN 979-11-91797-79-4 03810
정 가 7,000원

※ 잘못된 책은 바꾸어 드립니다.